CHINA: CONVERTED SPACES

© 2007 TECTUM PUBLISHERS
Godefriduskaai 22
2000 Antwerp, Belgium
www.tectum.be
info@tectum.be
Tel: +32 3 226 66 73

ISBN 90-76886-37-7
WD: 2007/9021/1
(34)

CHINA LOFTS

First published in 2006 by:
Page One Publishing Private Limited
20 Kaki Bukit View
Kaki Bukit Techpark II
Singapore 415956
Tel: (65) 6742-2088
Fax: (65) 6744-2088
enquiries@pageonegroup.com
www.pageonegroup.com

Conceived, designed and produced by:
Page One Publishing Private Limited
Editorial/Creative Director: Kelley Cheng
Author: Wang Yan Lai
Sub-editor: Serena Narain
Key Designer: Adelien Vandeweghe
Assisting Designer: Anna Handayani
Writer: Bai Lu
English translator : Kimberly Xu
French translator : Carole Touati
Dutch translator : Eva Snijders

Printed and bound in China

CHINA: CONVERTED SPACES

CONTENTS

004 CONTENTS
006 INTRODUCTION
008 APPLE SALES CENTRE
016 UNITED SPACE & TECHNOLOGY
022 SUBTRACTION IN DESIGN
030 HOME OF ARTISTS
040 THE WORKSHOP
046 SIT
056 CAVE CAFÉ
064 798 SPACE
074 ZHENGDA MUSIC
082 ON & OFF DUTY COLLEGE
090 PASSION IN THE LOFT
098 WHITE SPACE
106 FACTORY 798
114 WANG HUI'S STUDIO
120 MY COOL LIFE
128 1 + 1 = 2
134 4M INTERIOR DESIGN STUDIO
142 A TOUCH OF BRIGHTNESS
148 RECREATION CENTRE
154 GALLERIA CONTINUA
160 AT CAFÉ
170 SHANGRI-LA
176 TASTE
184 798 PHOTO GALLERY
190 LOFT & COOL
200 ACKNOWLEDGEMENTS

CONTENTS

The conversion of old industrial spaces is something that is becoming a growing trend in large cities across the globe, and China is no exception. **China: Converted Spaces** brings together houses from within culture-rich China that exemplify the wonderfully practical conversion of current uses, and the immense creativity that emerges from these confines. Find refreshing ideas and unique cultural expressions within these pages as enigmatic photography and insightful text take readers through this visually stunning book.

La transformation d'anciens espaces industriels est une tendance en hausse dans les grandes villes du globe et la Chine n'est pas une exception. L'ouvrage **Chine: Espaces convertis** rassemble des maisons de la Chine culturelle qui illustrent la reconversion merveilleusement pratique et utile de ces endroits, ainsi que la créativité sans borne qui en émane. Ces pages dévoilent des idées rafraîchissantes et des expressions culturelles uniques tandis que photos énigmatiques et textes pertinents mènent les lecteurs dans un ouvrage visuellement éblouissant.

Het ombouwen van fabrieken, fabriekshallen en pakhuizen tot woningen is een trend aan het worden in grote steden over de hele wereld – en China vormt hierop geen uitzondering. **China: Herbruikte Ruimtes** toont een aantal huizen uit het cultuurrijke China, die deze praktische conversie voor hedendaags gebruik op een prachtige manier illustreren, evenals de oneindige creativiteit en vindingrijkheid die uit de renovatie voortvloeien. Blader door dit oogverblindende boek en vind verfrissende ideeën en unieke culturele impressies, en laat je door de artistieke fotografie en begeleidende teksten meevoeren op een visuele ontdekkingsreis.

INTRODUCTION

APPLE SALES CENTRE

PHOTOGRAPHY : SUN XIANGYU
DESIGNERS : ZHANG YONGHE AND WANG HUI
DESIGN FIRM : ATELIER FCJZ
LOCATION : CHAOYANGQU, BEIJING

▶

In our opinion, a sales centre should be clean and pleasing to the eye so that it can create a comfortable environment for potential buyers and exert a positive influence during the process of their decision-making. But the sales centre of Apple Community looks rather different. It looks spacious, hollow and harsh, just like the workshop of a factory. In fact, it was the stokehold of the original Beijing Beer Brewery.

There are several reasons why the designers chose this architecture as their sales centre. Firstly, it has a convenient location. Secondly, it is big enough to be used flexibly and lastly, the feature of the original architecture makes it possible to conceptualise a unique design.

During the process of reconstruction, the designers tried their best to preserve the uncertainty of the original architecture, removing only some parts of the original architecture and constructing some new designs. They also chose some new equipment and concrete components to make them part of the new building.

The designer creates an interlayer in the interior and connects it with stairways of different forms, angles and sizes. On the interlayer, there is a row of small sales offices of different colors, ensuring that the new space is not as monotonous as the original one. Colourful linear light sources are cast from the ceiling, attracting the attention of people and making them look up. The entrance of the architecture is also reconstructed. Zigzagging paths made of steel slabs replace the original straight staircases. The uncertainty of the interior design offers more possibilities in the use of the space. The next transformation for this sales centre will take place soon when the space is transformed into a modern art museum – the Today Art Museum.

En règle générale, une boutique doit être propre et esthétique afin de créer un cadre confortable pour les acheteurs potentiels et d'exercer une influence positive lorsqu'ils prennent leur décision. La boutique de la Communauté Apple s'éloigne de cette conception. Elle est spacieuse, vide et âpre. Comme l'atelier d'une usine. En fait, l'endroit était jadis occupé par la première brasserie de Beijing Beer.

Plusieurs raisons ont poussé les designers à choisir cet endroit pour la boutique. Tout d'abord, il était bien situé. Ensuite, il était assez grand pour offrir une utilisation modulable et, enfin, les caractéristiques de l'architecture originale permettaient de conceptualiser un design unique.

Lors du processus de reconstruction, les designers se sont attachés à préserver l'incertitude de l'architecture originale en ne supprimant que quelques éléments pour construire de nouveaux designs. Ils ont également choisi de nouveaux équipements et des composants en béton pour les intégrer au nouveau bâtiment.

À l'intérieur, le designer a créé une mezzanine et l'a reliée à des escaliers de tailles, de formes et d'angles différents. Cette mezzanine abrite une rangée de petits bureaux aux couleurs variées qui rompent avec la monotonie de l'ancien espace. Des sources de lumières linéaires et colorées sont projetées depuis le plafond pour attirer l'attention des gens et leur faire lever les yeux. L'entrée a également été reconstruite. Des zigzags constitués de brames d'acier remplacent l'ancienne cage d'escalier rectiligne. L'incertitude du design intérieur offre plus de possibilités pour l'utilisation de l'espace. La prochaine transformation de la boutique aura bientôt lieu et l'espace deviendra un musée d'art moderne, le Today Art Museum.

Naar onze mening zou een verkoopcentrum een lust voor het oog moeten zijn. Zo wordt een sfeer gecreëerd waarin de potentiële koper zich op zijn gemak voelt, wat weer een positieve uitwerking heeft op zijn of haar koopgedrag. Het verkoopcentrum van de Apple Community is wat dat betreft nogal ongewoon. Het ziet er ruim, leeg en bijna onaf uit, als de werkplaats van een fabriek. Het centrum is dan ook gevestigd in de voormalige stookplaats van de Bierbrouwerij van Peking.

De ontwerpers hadden verschillende beweegredenen om voor dit gebouw te kiezen. Ten eerste was het gunstig gelegen. Ten tweede bood de ruimte vele toepassingsmogelijkheden. En ten slotte inspireerde de oorspronkelijke bouwstijl tot het bedenken van een uniek ontwerp.

Tijdens de verbouwing deden de ontwerpers hun uiterste best om de originele elementen zoveel mogelijk intact te laten: ze haalden slechts enkele elementen weg en voegden een paar nieuwe onderdelen toe. Ook kozen ze voor nieuwe materialen, zoals betonnen componenten, die ze volledig integreerden in het oude gebouw.

De ontwerpers creëerden een entresol die ze door middel van trappen – met verschillende vormen, hoeken en afmetingen – met de rest van de ruimte verbonden. Op deze verdieping werd een aantal kleine verkoopkantoren geïnstalleerd in verschillende kleuren, wat de ruimte een bepaalde speelsheid verleent. De schitterende verlichting, die in rechte stralen op de bezoeker lijkt neer te dalen, zorgt ervoor dat je wel omhoog moet kijken.

De entree van het gebouw onderging ook een gedaanteverwisseling: de oorspronkelijk rechte trappen werden vervangen door zigzagpaden van stalen platen. De nieuwe indeling creëerde nog meer mogelijkheden voor het gebruik van de ruimte: binnenkort zal het gebouw namelijk onderdak bieden aan een museum voor moderne kunst – het Today Art Museum.

◀

001

▲ The dazzling display of lights livens up the space come nightfall.
Le déploiement éblouissant des lumières donne vie à l'espace à la tombée de la nuit.
Tegen het vallen van de avond geeft de oogverblindende verlichting de ruimte een levendige uitstraling.

The facade of of the building.  La façade du bâtiment.  De gevel van het gebouw. ▲

The iron grating on the floor adds to the industrial style of the interior. ▲
L'armature en fer du sol renforce le style industriel de l'intérieur.
Het ijzeren traliewerk op de vloer onderstreept het industriële karakter van de ruimte.

▲ The coloured partitions break the monotony of the white walls.
Les cloisons colorées viennent rompre la monotonie des murs blancs.
De gekleurde tussenmuren doorbreken de monotonie van de witte ruimte.

An overview of the sales centre. ▲
Une vue d'ensemble de la boutique.
Een overzicht van het verkoopcentrum.

▲ The cubicles serve as office space for the workers.
Les cubes sont les bureaux des employés.
De hokjes doen dienst als kantoorruimtes.

UNITED SPACE & TECHNOLOGY

PHOTOGRAPHY : ZHANG YUXIN
DESIGNERS : ZHANG XING, YANG YU, DENG XUAOJIANG AND SU KUN
DESIGN FIRM : UNITED SPACE & TECHNOLOGY
LOCATION : CHAOYANGOU, BEIJING

▶

United Space & Technology is an interior design company owned by three designers who first located their company in an office building before moving it to 706 Dashanzi, Beijing. The original architecture here is the platform of the railway station within the industrial district that was built in the '50s by former East German architects. Later, walls were built between the surrounding columns to convert it into workshops of a factory.

When they first shifted here, the whole factory was divided into two parts. The space was dirty and messy, with very dim lighting. At that time, they thought that the entire space was high enough for them to reconstruct but when the partitions were pulled off, the particular framework of the platform appeared.
To solve the problem of the insufficient lighting, they made a clearstory on the ceiling and covered it with a shade, which also serves as a form of décor. To their surprise, the clearstory has another unique function: when the beam of sunlight casts through the clearstory, it moves little by little from one place to another as time goes by, which shows clearly the elapse of time.

Within the original space, a two-storey building was set up almost completely away from the original architecture, thus avoiding a contradiction between the old and new buildings. The new building is divided into three parts and its stairway forms the core of the entire building. The company's meeting room, bathroom and financial room are independently located on the first floor. The second floor is completely open and looks more like a flat roof, where one can take in a bird's view of the company.

The space is rather capacious and comfortable so that everyone working here can relax him/herself - both physically and spiritually. This is the technological space created by United Space & Technology.

United Space & Technology est une agence de décoration d'intérieur appartenant à trois designers. Ils étaient installés dans un immeuble de bureaux avant de déménager au 706 Dashanzi, Pékin. Ici, l'architecture originale est le quai de la gare d'un quartier industriel construit dans les années 50 par des architectes de l'ancienne Allemagne de l'Est. Plus tard, des murs ont été construits entre les colonnes qui entouraient l'espace afin d'abriter les ateliers d'une usine.

Lorsqu'ils sont arrivés, l'usine était divisée en deux. Elle était sale, désordonnée et très peu lumineuse. À ce moment-là, ils se sont dit que l'espace était suffisamment haut pour pouvoir être remodelé, mais après avoir supprimé les cloisons, ils se sont retrouvés face à une charpente bien particulière.

Afin de résoudre le problème du manque de lumière, ils ont ajouté une claire-voie au plafond et l'ont recouverte d'un store qui sert également d'élément de décoration. À leur grande surprise, la claire-voie joue un autre rôle exceptionnel : lorsque les rayons du soleil passent au travers, ils se déplacent tout doucement au fil de la journée et montrent clairement le temps qui passe.

Dans l'espace original, un bâtiment à deux étages a été conçu indépendamment de l'architecture de base, évitant ainsi une contradiction entre la nouvelle et l'ancienne construction. Le nouveau bâtiment est divisé en trois parties et son escalier constitue le noyau de l'ensemble. La salle de réunion, la salle de bains et la salle des finances sont situées à l'écart, au rez-de-chaussée. L'étage est complètement ouvert et ressemble à un toit plat. De là, on peut avoir une vue plongeante sur l'entreprise.

L'espace est assez vaste et confortable ; les employés peuvent s'y détendre à la fois physiquement et spirituellement. Tel est l'espace technologique créé par United Space & Technology.

United Space & Technology is de gemeenschappelijke studio van drie ontwerpers. Het bedrijf verhuisde onlangs van een 'gewoon' kantoor naar 706 Dashanzi, Peking: een oud spoorwegstation dat in de jaren '50 door Oost-Duitse architecten werd ontworpen. Later werden er muren gebouwd tussen de omliggende pilaren en veranderde het station in een fabriek met een aantal hallen.

Toen ze hier voor het eerst kwamen kijken, was het geheel opgedeeld in twee ruimten. Het gebouw was vies, rommelig en schemerig. In eerste instantie hadden ze het idee om de ruimte opnieuw op te bouwen, maar toen de tussenwanden eenmaal verwijderd waren, kwam de bijzondere architectuur van het perron tevoorschijn – en moesten ze hun plannen enigszins bijstellen…

Het probleem van de verlichting losten ze op door in het plafond een lichtkoepel te installeren met een scherm erover, die ook nog eens prachtig is om te zien. Tot hun verbazing bleek deze koepel nog een andere, heel speciale functie te vervullen: de zonnestralen die erdoor naar binnen schijnen, verplaatsen zich stukje bij beetje naarmate de dag vordert en geven hiermee heel duidelijk het verstrijken van de tijd aan.

In de oorspronkelijke ruimte werd een heel nieuw gebouw met twee woonlagen neergezet – bijna helemaal los van het originele bouwwerk. Hiermee werd een 'botsing' tussen oude en nieuwe architectuur voorkomen. Het nieuwe gebouw werd opgedeeld in drie delen waarvan de trap het middelpunt vormt. De vergaderruimte, toilet en kantoorruimte bevinden zich los van elkaar op de begane grond. De eerste verdieping is helemaal open en heeft iets weg van een terras vanwaar je een panoramisch uitzicht hebt op het hele bedrijf.

Het geheel ziet er ruimtelijk en comfortabel uit. Iedereen die hier werkt, kan zich ontspannen – lichamelijk én geestelijk. Dit is de 'technologische ruimte' ontworpen door United Space & Technology.

◀

002

▲ The skylight has another special function: the daylight that casts through it moves from place to place, thus enabling people to feel the passage of time.
Les lucarnes ont une fonction particulière : les rayons du soleil qui passent au travers se déplacent et permettent aux gens de sentir le temps qui passe.
De lichtkoepel heeft nog een andere, heel speciale functie: de zonnestralen die erdoor naar binnen schijnen, verplaatsen zich stukje bij beetje naarmate de dag vordert en geven hiermee heel duidelijk het verstrijken van de tijd aan.

A round skylight adds to the décor. ▲
Une lucarne ronde habille le décor.
Een rond raam als decorstuk.

The entire space is neatly decorated. ▲
Tout l'espace est joliment décoré.
De hele ruimte is smaakvol ingericht.

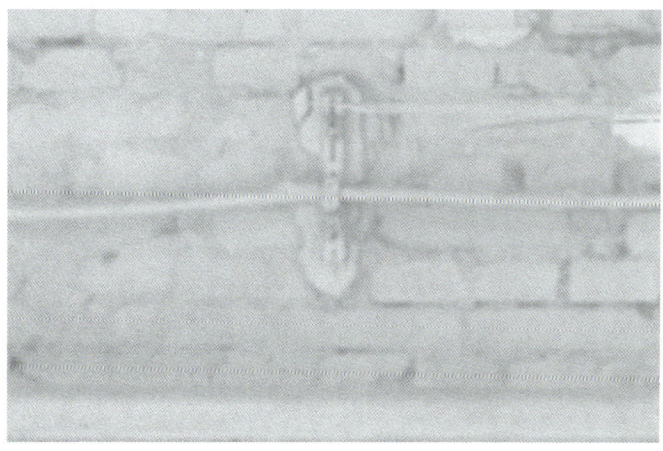

▲ A comfortable space where people can relax both physically and spiritually.
Un endroit confortable où les gens peuvent détendre leurs corps et leur esprit.
Een comfortabele ruimte waar mensen zich kunnen ontspannen – lichamelijk én geestelijk.

The 2nd floor is very open and looks more like a platform where one can take in a bird's eye view of the company. ▲
L'étage est très ouvert et ressemble à une plate-forme d'où l'on a une vue plongeante sur l'entreprise.
De eerste verdieping is helemaal open en heeft iets weg van een terras vanwaar je een panoramisch uitzicht hebt op het hele bedrijf.

SUBTRACTION IN DESIGN

PHOTOGRAPHY SUN XIANGYU
DESIGNER AI WEIWEI
LOCATION CHAOYANGQU BEIJING

▶

Ai Weiwei understands that less is more. A famous contemporary Chinese designer, Weiwei has been involved in several well-known projects, such as the National Stadium for the 2008 Olympic Games and the Commune by the Great Wall of China. However, it is in the design of Weiwei's own home that one finds the most revealing examples of his design philosophy, that is, of sense and simplicity.

The essence of Weiwei's design concept is subtraction. By getting rid of everything that is decorative and super-fluous, Weiwei is able to pay greater attention to creating beauty through the use of space and materials. This method of subtraction is taken to the extent where even his builders think the project has not been completed, even though the project has been finished for over a hundred days. "My concept in this project is contrary to that of others. To me, a designer's aesthetics is not superior to that of a peasant designing his stable. A designer only knows how to organise complicated things efficiently. He wants to show you that he has done a lot. But in fact, he has only made a mess. For me, my home should fit my lifestyle," Weiwei explains the rationale behind his design principles.

Indeed, the end product demonstrates his style of simplicity: the lines are straight, the gate is unadorned, the floor and stairs are only covered with concrete, and the girders are exposed with concrete. The exposed brick walls are painted white and gray. A few pieces of carefully-chosen furniture litter the spacious room. Even the bathroom is completely open, with merely a toilet bowl and washstand located in the corner. Weiwei's emphasis on simplicity has created a unique style that is straightforward but comfortable with elaborate details.

Ai Weiwei considère que moins est plus. Célèbre designer chinois contemporain, Weiwei a participé à plusieurs projets de renom, comme le stade national pour les Jeux Olympiques de 2008 et La Commune, près de la Grande Muraille de Chine. Toutefois, c'est dans le design de sa propre maison que l'on trouve les exemples les plus révélateurs de sa philosophie, c'est à dire le sens et la simplicité.

L'essence du concept de design de Weiwei est la soustraction. En se débarrassant de tout ce qui est décoratif et superflu, Weiwei est capable de concentrer son attention sur la création de beauté par l'utilisation de l'espace et des matériaux. Cette méthode de soustraction en arrive à un tel point que même ceux qui ont collaboré au projet pensent qu'il n'est pas terminé, même s'il l'est depuis plus de cent jours. « Pour ce projet, mon concept est contraire à celui des autres. Pour moi, l'esthétique d'un designer n'est pas supérieure à celle d'un paysan créant son écurie. Un designer sait seulement comment organiser efficacement des choses compliquées. Il veut montrer à autrui que ce qu'il fait n'est pas chose facile. Mais en fait, il se contente de semer le désordre. À mon avis, ma maison doit être adaptée à mon style de vie. », Weiwei explique la logique qui se cache derrière ses principes de design.

En effet, le produit fini est un bel exemple de simplicité : les lignes sont droites, la porte n'a pas d'ornements, le sol et les escaliers sont uniquement recouverts de béton et les poutres sont en béton également. Les murs de briques apparents sont peints en blanc et en gris. Quelques meubles soigneusement choisis occupent le sol de la grande pièce. Même la salle de bains est complètement ouverte et ne comporte dans un coin qu'un WC et un lavabo. La simplicité marquée de Weiwei a fait naître un style unique, franc mais confortable et agrémenté de détails élaborés.

Ai Weiwei begrijpt als geen ander het motto 'less is more'. Hij maakt onderdeel uit van de nieuwe lichting creatieve talenten in China en werkte mee aan verschillende grote kunstprojecten, zoals het Nationale Stadion voor de Olympische Spelen in 2008 en de Commune bij de Chinese Muur. Zijn bijzondere ontwerpfilosofie – die wordt gekenmerkt door 'betekenis' en 'eenvoud' – komt het beste tot uitdrukking in zijn eigen huis.

De essentie van Weiweis ontwerpconcept is 'reduceren'. Door een ruimte helemaal te ontdoen van alles wat decoratief en overbodig is, werkt hij alleen met de essentiële onderdelen ruimte en materiaal en kan hij zich volledig richten op zijn wonderschone creaties. Deze methode gaat soms zover dat zelfs zijn medewerkers denken dat een project – dat al honderd dagen af is – nog niet klaar is. Weiwei legt de grondgedachte achter zijn ontwerpfilosofie als volgt uit: "Ik ben van mening dat de esthetica van een ontwerper niet superieur is aan die van een boer die zijn eigen schuur ontwerpt. Een ontwerper weet alleen wat beter hoe hij gecompliceerde dingen moet aanpakken. Veel ontwerpers willen echter al hun kennis tegelijk in de praktijk brengen, waardoor het soms een rommeltje wordt. Ik vind dat mijn huis bij mijn levensstijl moet passen."

Het eindproduct ademt dan ook een sfeer van eenvoud uit: de lijnen zijn recht en de vloer, de trap en de steunbalken zijn allemaal van beton. De stenen muren zijn wit en grijs geverfd. Een paar zorgvuldig uitgezochte meubelstukken lijken bijna achteloos te zijn neergezet in de ruime kamer. Zelfs de badkamer is helemaal open en is zeer eenvoudig ingericht met alleen een toiletpot en een wastafel in de hoek. Door de nadruk die hij legt op eenvoud, creëerde Weiwei een unieke ongecompliceerde stijl die toch een comfortabele uitstraling heeft met mooi uitgewerkte details.

◀

三

003

▲ One can see the flickering bamboo forests outside through the big window.
On peut voir, par la grande fenêtre, les forêts de bambou vacillantes.
Door het grote raam heb je uitzicht op de wuivende bamboestruiken.

The host's studio is located on the second floor ▲
Le studio de l'hôte est à l'étage.
Het atelier van Weiwei bevindt zich op de eerste verdieping

▲ The plain and neat kitchen.
La cuisine, nette et dépouillée.
De eenvoudige en smaakvolle keuken.

Shocking installation artworks created by the host. ▲
Installations d'art choquantes, créations de l'hôte.
Krachtige kunstinstallaties – door onze gastheer zelf gemaakt.

▲ The facade of the building.
La façade du bâtiment.
Uitzicht op de gevel.

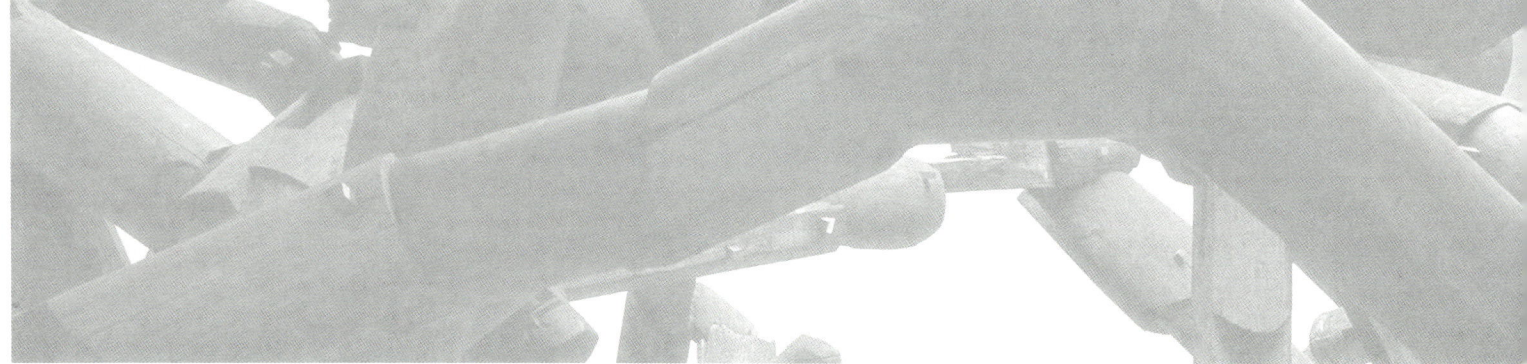

Concrete floor, red bricks and white walls form the room. ▲
Sol en béton, briques rouges et murs blancs constituent la chambre.
De betonnen vloer, rode bakstenen en witte muren geven de ruimte een bijzondere uitstraling.

HOME
OF ARTISTS

PHOTOGRAPHY : SUN XIANGYU
DESIGNERS : WANG GONGXIN AND LIN TIANMIAO
DESIGN FIRM : UNITED SPACE & TECHNOLOGY
LOCATION : TONGZHOUQU, BEIJING

▶

Wang Gongxin and Lin Tianmiao, the owners of the house, are a pair of active artists. They have been working and living in the USA for almost ten years and have held both personal and group exhibitions in Japan, France, German, Sweden, Mexico, China and other countries. Their artistic creations cover paintings, art installations, images and so on. In 2001, they designed and opened a fashionable new media art centre called LOFT in Beijing, which leads the trend in bar design.

They currently live in a countryside residence. It is high and spacious, providing a comfortable atmosphere for their work and life. The big room is over 7 metres high, acting as their studio and reception room. A white wall in the west serves as a partition in the spacious hall. Beside the wall is the host's studio, full of various equipments. The other side of the wall can be used to display the projection screen. The hostess' studio and the graceful tea room are located on the interlayer, which looks like a comfortable home.

The style of countryside residence is simple and unadorned. During the process of designing, the hosts faithfully adhered to the original style. The girder structure of the house is completely exposed. The decoration materials include red bricks, blue stone and timber found easily in the countryside, which are in harmony with the surrounding environment. It is the dream of traditional Chinese scholars to return to the countryside and lead a free rural life. The hosts of this residence have made their dreams come true.

Wang Gongxin et Lin Tianmiao, les propriétaires de la maison, sont un couple d'artistes actifs. Ils ont vécu et travaillé aux États-Unis pendant près de dix ans et ont tous deux exposé, seuls ou en groupe, au Japon, en France, en Allemagne, en Suède, au Mexique, en Chine et ailleurs. Leurs créations artistiques couvrent divers moyens d'expression, tableaux, installations, etc. En 2001, ils ont conçu et ouvert un nouveau centre artistique d'art médiatique à Pékin appelé LOFT. Un endroit moderne qui crée la tendance en matière de design de bars.

Ils vivent actuellement à la campagne. Leur maison, haute et spacieuse, offre une ambiance confortable pour leur travail et leur vie de tous les jours. La grande pièce a des plafonds de plus de sept mètres de haut et fait office de studio et de salle de réception. Un mur blanc, à l'ouest, sert de cloison au vaste hall. À côté du mur, se trouve le studio de l'hôte, rempli d'équipements divers. L'autre côté du mur peut être utilisé pour afficher l'écran de projection. Le studio de l'amphitryonne ainsi que l'élégant salon pour le thé sont installés sur la mezzanine, qui ressemble à une petite maison cosy.

Le style de la maison de campagne est simple et dépouillé. Lors du processus de conception, les hôtes ont fidèlement respecté le style d'origine. La structure de poutres de la maison est entièrement apparente. Les matériaux de décoration comprennent des briques rouges, de la chalcanthite et du bois, faciles à trouver dans les alentours, qui sont en parfaite harmonie avec le cadre naturel. C'est le rêve des érudits traditionnels chinois de revenir à la campagne et d'y mener une vie libre et rustique. Nos hôtes ont réalisé leur rêve.

Wang Gongxin en Lin Tianmiao, de eigenaren van dit huis, zijn beiden actief in de kunstwereld. Tien jaar lang leefden en werkten ze in de Verenigde Staten. Ook hielden ze tal van exposities in Japan, Frankrijk, Duitsland, Zweden, Mexico, China en andere landen. Hun artistieke oeuvre omvat onder meer schilderijen, installaties en beeldhouwwerken. In 2001 ontwierpen en openden ze in Peking een centrum voor kunst en nieuwe media dat de naam LOFT kreeg.

Op dit moment leeft het kunstenaarskoppel op het platteland. Hun woning is hoog en ruim: een ideale leef- en werkomgeving. De 'grote' kamer is zeven meter hoog en doet dienst als atelier en ontvangstruimte. Deze kamer wordt door een witte muur gescheiden van de ruime hal. Aan de ene kant van deze muur bevindt zich het atelier van de gastheer, vol met de meest uiteenlopende instrumenten en gereedschappen. De andere kant – die uitkijkt op de 'grote' kamer – kan worden gebruikt als projectiescherm. Het atelier van de gastvrouw en de prachtige theesalon bevinden zich op de entresol, die eruitziet als een gerieflijk huis.

De stijl van deze plattelandswoning is eenvoudig te noemen. De kunstenaars bleven trouw aan de oorspronkelijke structuur van het huis. Zo werd de draagbalkconstructie volledig zichtbaar gemaakt en werd alleen gebruikgemaakt van oorspronkelijke materialen – die op het platteland makkelijk te vinden zijn –, zoals rode baksteen, arduinsteen en hout. Het eindresultaat is volledig in harmonie met de omgeving. De droom van iedere traditionele Chinese geleerde is om ooit terug te keren naar het platteland en daar een vrij leven te leiden. De bewoners van dit huis hebben hun droom zeker waar gemaakt.

◀

四

004

▲ The white wall on which the projection screen is hung is also used as a partition.
Le mur blanc devant lequel est suspendu l'écran de projection sert également de cloison.
De witte muur waarop een projectiescherm is bevestigd, wordt ook gebruikt als afscheiding.

The well-lit kitchen and dining room. ▲
La cuisine et la salle à manger, bien éclairées.
De goed verlichte keuken en eetkamer.

▲ One can see the scenery outside through the round window.
On peut voir, par la fenêtre ronde, le paysage qui nous entoure.
Door dit ronde raam heb je een mooi uitzicht op de omgeving.

▲ The antique furniture lends the room a sober look.
Les meubles anciens confèrent à la pièce une apparence sobre.
Het antieke meubilair geeft de kamer een rustige uitstraling.

An elegant house in the country. ▲
Une élégante maison à la campagne.
Een elegant huis op het platteland.

▲ The different areas in the room all feature a lot of daylight.
Les différentes zones de la pièce sont toutes baignées par la lumière du jour.
Het daglicht bereikt de verschillende ruimten in het huis.

THE WORKSHOP

PHOTOGRAPHY : SUN XIANGYU
DESIGNER : YANG XIAOPING
DESIGN FIRM : YANG XIAOPING DESIGN STUDIO
LOCATION : CHAOYANGQU, BEIJING

▶

Designer Yang Xiaoping has two special homes. One is called The Village while the other is a loft called The Workshop, which is converted from an old factory building. The Workshop is 500 square metres in space with a height of almost 4.5 metres. The original building is capacious and simple, giving the designer enough room for his inspired creations.

The original building was simple and unadorned and during the process of transformation, Yang Xiaoping decided to keep the original style to the maximum. The original walls that are made of red bricks and painted in white are retained and re-painted. Only part of the walls in the kitchen and bathroom are covered in mosaic tiles. The original concrete floor is not grinded smooth either, and the big windows and windowsills are also as they were originally. The central heating system is painted black and all the casing pipes of the wires remain uncovered.

The new furniture also echoes with the industrial style of the original building. The screens, bookshelves, worktable and tea table are all designed by Yang Xiaoping and made of square steel, glass, wire netting and other materials. The various components of the furniture are mainly welded together. Even the smallest details can help to strengthen the industrial style, for example the measuring glass for drinking, the alcohol burner used for lighting, etc.

The enormous space also provides infinite possibilities for change. As a result, most of the furniture have wheels so that they can be moved conveniently and combined in different styles. The dining area and other areas are separated by four sets of partitions made of square steel and canvas. There are axles between the partitions so that they can be turned freely and the overall arrangement can change from time to time.

L'architecte Yang Xiaoping possède deux maisons particulières. L'une s'appelle The Village et l'autre, un ancien bâtiment d'usine, est un loft baptisé The Workshop. The Workshop s'étend sur 500 mètres carrés et ses plafonds sont hauts de 4,5 mètres. Le bâtiment original est vaste et simple et procure suffisamment d'espace au créateur pour laisser libre cours à ses inspirations.

Le style original était simple et dépouillé et, pendant le processus de transformation, Yang Xiaoping a décidé de le conserver au maximum. Les anciens murs en briques rouges peints en blancs ont été repeints. Seule une partie des murs de la cuisine et de la salle de bains a été recouverte de carreaux de mosaïque. Le sol en béton original n'a pas été lissé et ni les grandes fenêtres ni leurs rebords n'ont été remplacés. Le chauffage central est peint en noir et tous les tubes des câbles sont apparents.

Le nouveau mobilier fait également écho du style industriel de l'ancien bâtiment. Les écrans, les étagères, le bureau et la table où l'on prend le thé sont des créations de Yang Xiaoping qui a utilisé de l'acier carré, du grillage métallique et d'autres matériaux. Les différents composants des meubles sont principalement soudés entre eux. Même les plus petits détails renforcent le style industriel, comme par exemple le verre mesureur en guise de verre, le réchaud à alcool pour l'éclairage, etc.

L'immense espace offre des possibilités de changement infinies. D'ailleurs, la plupart des meubles sont dotés de roues qui permettent de les déplacer au gré des envies et de combiner plusieurs styles. La salle à manger et les autres zones sont séparées par quatre jeux de cloisons faites d'acier carré et de toile. Les cloisons sont équipées d'axes et pivotent librement afin que l'ordre des choses puisse être modifié de temps à autre.

Ontwerper Yang Xiaoping bezit twee heel speciale huizen. Het ene huis heet The Village en het andere The Workshop – een voormalig fabrieksgebouw. The Workshop heeft een oppervlakte van maar liefst vijfhonderd vierkante meter en is 4,5 meter hoog. Het gebouw is eenvoudig vormgegeven, wat de ontwerper genoeg speelruimte biedt om zijn ideeën ten uitvoer te brengen.

Yang Xiaoping besloot zo dicht mogelijk bij de originele stijl te blijven. De rood-witte muren werden behouden en opnieuw geschilderd. Een deel van de muren van de keuken en de badkamer werd betegeld met mozaïeksteentjes. De oorspronkelijke betonnen vloer werd niet glad afgewerkt, maar 'ruw' gelaten. En de grote ramen en vensterbanken zijn nog in originele staat. Yang Xiaoping schilderde de centrale verwarming zwart en liet de bedrading overal zichtbaar.

De industriële stijl van het voormalige fabrieksgebouw komt heel mooi terug in het nieuwe meubilair. De schermen, boekenkasten, werk- en eettafel zijn allemaal ontworpen door Yang Xiaoping en werden gemaakt van materialen als staal, glas en grof draadgaas. Al deze meubelstukken stralen dezelfde industriële sfeer uit – en zelfs details als een maatbeker of een alcoholbrander die omgebouwd is tot lamp dragen hiertoe bij.

De enorme ruimte nodigt uit tot afwisseling. De meeste meubelstukken staan dan ook op wieltjes, zodat ze makkelijk verplaatst en weer met elkaar gecombineerd kunnen worden. De verschillende kamers zijn van elkaar gescheiden door schermen van staal en doek. Yang Xiaoping bracht draagassen aan tussen de schermen, zodat ze vrijelijk kunnen bewegen en hij de totale inrichting van zijn loft van tijd tot tijd kan veranderen.

◀

▲ The huge space provides a perfect stage for the designer to bring his talent into play.
Les vastes espaces sont une scène idéale pour que l'artiste mette tout son talent en jeu.
Een enorme ruimte waarin de ontwerper zijn talenten tentoon kan spreiden.

▲ The host is hospitable so there are always many guests.   L'hôte étant fort hospitalier il reçoit souvent des invités.   Onze gastheer is zeer gastvrij en heeft dan ook altijd veel mensen over de vloer.

▲ Like other furniture pieces, the bar counter has wheels so that it can be moved freely.
Comme d'autres meubles, le comptoir du bar est équipé de roues et peut donc être déplacé librement.
De bar staat op wieltjes, net als veel andere meubelstukken.

▲ The partitions made of ground glass ensure the working and meeting areas are separated but stay connected.
Les cloisons en verre dépoli assurent la séparation des zones de travail et de réunion tout en conservant un certain lien.
De schermen van ondoorzichtig glas zorgen ervoor dat de verschillende ruimten van elkaar gescheiden zijn, maar toch met elkaar verbonden blijven.

The industrial style kitchen gives people the false impression that they have entered the dining room of a factory or a restaurant. ▲
La cuisine de style industriel donne aux gens la fausse impression d'entrer dans la salle à manger d'une usine ou d'un restaurant.
De industriele stijl van de keuken geeft mensen de indruk dat ze in de eetzaal van een fabriek of restaurant zijn aanbeland.

SIT

PHOTOGRAPHY : SUN XIANGYU
DESIGNER : SHAO FAN
DESIGN FIRM : BEIJING SHAO FAN ART DESIGN CO. LTD.
LOCATION : CHAOYANGOU, BEIJING

▶

Sit is a French restaurant that is owned by artists Shao Fan and Liu Dan, who have stayed in France for ten years and are good at French cuisine, making the restaurant a perfect combination of Chinese design and French tastes.

Most of the furniture in Sit is designed by Shao Fan. When making the furniture, Shao Fan is influenced by the elements of traditional Ming design, which he marries with elements of modern design, thus breaking the limits of sculpture and design. Typical Ming-style furniture designs like round-backed armchairs and long, narrow tables are replicated in modern materials, including glass, steel and wood components. In this way, all his artistic works bear both Chinese and modern characteristics. Besides, they are not only artistic works but also practical furniture.

The original workshop is both high and spacious, which offered enough room for Shao Fan when he designed the dining hall. He did not make many changes to the original space. First, an interlayer is designed near the window to allow for better space sequences. Secondly, some low walls were built to divide the dining hall into several parts, allowing for more functional uses. The style of the dining hall is modern and lively, with white walls and floor that are complemented by red and black furniture. There is also a golden bed featuring a myriad of carvings found in the interior, which forms a sharp contrast to the simple modern space while adding to its Chinese characteristics.

Le Sit est un restaurant français qui appartient aux artistes Shao Fan et Liu Dan. Ils ont vécu en France pendant dix ans et sont doués pour la cuisine française, faisant du restaurant une combinaison parfaite entre design chinois et saveurs françaises.

La plupart des meubles du restaurant sont des oeuvres de Shao Fan. Pour ses créations, Shao Fan s'est laissé influencer par certains éléments du design Ming traditionnel qu'il a mariés à des éléments modernes, brisant ainsi les limites de la sculpture et du design. Des designs typiques du style Ming, comme les fauteuils à dossier arrondi et les longues tables étroites, sont répliqués dans des matériaux modernes : verre, acier, bois, etc. De cette manière, toutes ses oeuvres d'art possèdent à la fois des caractéristiques chinoises et modernes. De plus, on ne trouve pas uniquement des travaux artistiques mais aussi des meubles pratiques.

L'atelier original est haut et spacieux et a laissé suffisamment de place à Shao Fan pour concevoir la salle à manger. Il n'a pas apporté beaucoup de changements à l'espace d'origine. Tout d'abord, une mezzanine a été ajoutée près de la fenêtre pour un meilleur enchaînement des espaces. Ensuite, des murs bas ont été construits afin de diviser la salle à manger en plusieurs zones, pour plus de commodité. Le style de la salle à manger est moderne et gai, les murs et le sol blancs sont agrémentés de meubles rouges et noirs. On y trouve également un lit doré avec une myriade de gravures qui crée un contraste saisissant avec la simplicité et la modernité du lieu, en renforçant son côté chinois.

SIT is een Frans restaurant dat wordt gerund door de kunstenaars Shao Fan en Liu Dan. Zij woonden meer dan tien jaar in Frankrijk en leerden daar de heerlijkste Franse gerechten te bereiden. Het restaurant is dan ook een perfecte combinatie tussen Chinees ontwerp en Franse smaak.

De meeste meubelen in SIT zijn ontworpen door Shao Fan zelf. Hij wordt daarbij geïnspireerd door de Mingstijl die hij combineert met moderne invloeden. In zijn werk overschrijdt hij de grens tussen beeldhouwkunst en design. Meubelontwerpen in Mingstijl, zoals leunstoelen met een ronde rug en lange, smalle tafels, worden door hem in een nieuwe vorm gegoten met behulp van moderne materialen als glas en staal. Zijn ontwerpen zijn niet alleen mooi om naar te kijken, maar ze zijn ook heel goed te gebruiken.

De voormalige werkplaats – waar het restaurant is gevestigd – is breed en hoog. Shao Fan beschikte dus over genoeg ruimte om een mooie eetzaal te ontwerpen. Hij liet de originele ruimte zoveel mogelijk intact, maar creëerde een aantal tussenmuren die haar opdelen en de verschillende delen met elkaar verbinden. De eetzaal ziet er modern en levendig uit met zijn witte muren en vloer, en rode en zwarte meubelen. Opvallend is hier de aanwezigheid van een prachtig bewerkt goudkleurig bed – een typisch Chinees element – in de verder eenvoudig en modern ingerichte ruimte.

◀

▲ Art installations can be seen everywhere.
Des installations d'art sont exposées partout.
Overal staan kunstinstallaties opgesteld.

Red armed chairs are used as bar seats.   Des chaises rouges font office de tabourets de bar.   Rode stoelen met leuningen worden als 'barkruk' gebruikt. ▲

The long thin desk is in a Ming style. ▲
La table, longue et étroite, est de style Ming.
Een lange, smalle tafel in Mingstijl.

▲ The capacious workshop is divided by partitions into 8 equal-sized gateways that divide as well as connect the entire space.
Le vaste atelier est divisé par des cloisons et huit entrées de mêmes dimensions fragmentent l'espace tout en le reliant.
In het ruime gebouw werden met een aantal tussenmuren acht gelijke doorgangen gecreëerd die de ruimte opdelen en de verschillende delen met elkaar verbinden.

▲ In all of Shao Fan's artistic works, his chairs are the most distinguishing feature. It is his unique style to combine modern design factors with traditional Chinese design. The designs reflect the combination between oriental and occidental culture, and the integration between sculpture and furniture. His design is full of philosophical connotations.

Parmi tous les travaux artistiques de Shao Fan, ses chaises sont les plus caractéristiques. Son style unique consiste à combiner des facteurs de design moderne au design traditionnel chinois. Ses créations reflètent le mariage entre la culture orientale et occidentale et l'intégration entre la sculpture et le mobilier. Ses designs sont imprégnés de moult connotations philosophiques.

Van alle kunstvoorwerpen die Shao Fan maakt, springen de stoelen het meest in het oog. De combinatie van modern design en traditionele Chinese invloeden maken zijn stijl uniek. Zijn ontwerpen vormen een verbinding tussen de oosterse en westerse cultuur, waarbij de grenzen tussen beeldhouwkunst en meubilair vervagen. En voor de liefhebber: zijn ontwerpen zitten ook nog eens vol met filosofische connotaties.

▲ The black desks and chairs are neatly designed.
Le bureau et les chaises noires sont élégamment dessinés.
De zwarte tafels en stoelen zien er smaakvol uit.

▲ The red chairs provide a nice contrast against the bare walls.
Les fauteuils rouges créent un contraste intéressant avec les murs nus.
De rode zetels vormen een mooi contrast met de kale muren.

CAVE CAFÉ

PHOTOGRAPHY : SUN XIANGYU
DESIGNERS : ZHANG YONGHE AND WANG HUI
DESIGN FIRM : ATELIER FCJZ
LOCATION : CHAOYANGQU, BEIJING

▶

In its Chinese incarnation, the phrase "Cave Café" takes on a double meaning: the first is a literal one, meaning a house with a cave and the second cheekier meaning refers to the bridal chamber. Of course, the Cave Café derives its characteristics from the first meaning. This ingenious play on words exhibits the host's sense of humour and has helped the Cave Café leave a memorable impression on its visitors.

Covering an area of 190 square metres, the Cave Café was formally the drying room of a factory. As the soil used to make electronic porcelain components was dried here, a layer of heat insulation used to surround the room. During the reconstruction process, the host first destroyed the heat insulation layer at the top of the room to increase the interior space. However, the host also retained a trace of the original heat insulation layer by saving an irregular root of the insulation. Along with its exposed brick walls and concrete floor, the retained heat insulation layer gives the Cave Café a special industrial style. The lighting of the café was improved by making several holes on the wall close to the windows. True to its name, the entrance of the Cave Café is marked by an irregular cave.

As visitors go up to the second floor, they will find a less oppressive environment furnished with low-lying furniture similar to the traditional Chinese opium couch. The walls, floor, ceiling, furniture and cushions in this area are all white. On one side of the brick wall, there are three rows of caves filled with red candles. The flickering candlelight makes the white space mysterious and romantic.

Dans son incarnation chinoise, la phrase « Cave Café » revêt un double sens : le premier, littéral, signifie une maison avec une grotte et le second, plus audacieux, se réfèrent à la suite nuptiale. Bien entendu, le Cave Café tire ses caractéristiques de la première signification. Ce jeu de mot ingénieux montre le sens de l'humour de l'hôte et a permis au Cave Café de laisser une impression inoubliable à ses visiteurs.

Couvrant une superficie de 190 mètres carrés, le Cave Café était anciennement le séchoir d'une usine. Vu que l'endroit était utilisé pour faire sécher des composants électroniques en porcelaine, une couche d'isolation thermique enveloppait la pièce. Lors du processus de reconstruction, l'hôte a commencé par détruire la couche d'isolation supérieure afin d'agrandir l'espace. Il a toutefois conservé une trace de cette isolation en gardant un morceau irrégulier. Avec les murs en briques apparentes et le sol en béton, cette couche d'isolation confère au Cave Café un style industriel singulier. L'éclairage du bar a été amélioré par plusieurs trous percés dans le mur près des fenêtres. Fidèle à son nom, l'entrée du Cave Café ressemble à une grotte irrégulière.

En montant à l'étage, les visiteurs trouveront un environnement bien moins oppressant, pourvu de meubles bas, similaires aux divans chinois traditionnels sur lesquels on fumait l'opium. Dans cette zone, les murs, le sol, le plafond, les meubles et les coussins sont blancs. D'un côté du mur de briques, trois enfilades de cavités sont constellées de bougies rouges. La lumière vacillante des bougies ajoute mystère et romantisme à cet espace immaculé.

In China kan de uitdrukking 'cave café' op twee manieren worden uitgelegd. De eerste, letterlijke manier is die van 'café in een grot'; de tweede, meer ondeugende betekenis is die van 'bruidskamer'. Het Cave Café ontleent zijn uiterlijke kenmerken in dit geval aan de eerste betekenis. Dit ingenieuze spelen met woorden toont het gevoel voor humor van onze gastheer en zorgt er tevens voor dat een bezoek aan het Cave Café een onuitwisbare indruk achterlaat.

Het Cave Café heeft een oppervlakte van 190 vierkante meter en is gevestigd in de voormalige droogruimte van een fabriek. Deze droogruimte – bedoeld om elektronische porseleinen onderdelen te laten drogen – was helemaal bekleed met isolatiemateriaal. Tijdens de verbouwing werd dit voor het grootste deel weggehaald om de ruimte groter te maken. De eigenaar wilde echter een stukje van het originele isolatiemateriaal bewaren en dit draagt – samen met de betonnen vloer en de stenen muren – bij aan de bijzondere industriële uitstraling van het Cave Café. De verlichting van het café-restaurant werd verbeterd door dicht bij de ramen nog een aantal extra openingen in de muur te maken. De entree – een in steen uitgehakte onregelmatige vorm – doet de naam van het café-restaurant alle eer aan.

Bezoekers die doorgaan naar de eerste verdieping treffen daar een lounge aan met overwegend laag meubilair. De muren, het plafond, de vloer, de meubelen en de kussens zijn hier allemaal wit. In de rode bakstenen muur bevinden zich drie rijen met gaten, die alle gevuld zijn met rode kaarsen. Het flikkerende kaarslicht geeft de witte ruimte een mysterieuze en romantische sfeer.

◀

七

007

▲ The aisle at the entrance features a Chinese hall table.
Dans le couloir de l'entrée, une console chinoise.
In de gang bij de entree staat een Chinese haltafel.

Irregular caves on the wall echo the name of the café.   Des cavités dans les murs rappellent le nom du café.   Onregelmatig uitgehakte vormen in de muur doen de naam van het café-restaurant alle eer aan. ▲

A bird's eye view of the main space from the second floor. ▲
Une vue plongeante sur l'espace principal depuis l'étage.
Een panoramisch overzicht vanaf de eerste verdieping.

▲ The tealights help improve the lighting in the café.   Les petite bougies complètent l'éclairage du café.   De theelichtjes dragen bij aan de verlichting van het Cave Café.

▲ A side room of the aisle café.
Une pièce secondaire du café côté couloir.
Een zijkamer van het café-restaurant.

The second floor. ▲
L'étage.
De eerste verdieping.

061

The main space. ▲
L'espace principal.
De hoofdruimte.

798 SPACE

PHOTOGRAPHY : SUN XIANGYU
DESIGNERS : XU YONG AND HUANG RUI
LOCATION : CHAOYANGOU, BEIJING

▶

The Dashanzi Art Zone is a new and developing area in Beijing. Many artists have been patronising its galleries, studios, clubs and bars, and the area is fast becoming known as the Soho of the capital.

Amongst the nearly 100 institutions found here, 798 SPACE is undoubtedly the flagship. The space covers over 1700 square metres, boasting various facilities from exhibition areas to entertainment, catering and an art bookstore. It was also featured in Newsweek's review of the "Style of the Capital" and has become the symbol of Beijing's new image ever since.

The original building was designed and constructed by East German architects in the '50s. As such, the building is characterised by a unique feature - a thin shell roof whose weight is supported by columns and girders. This particular design uses less material and makes the building look more beautiful. Besides, the headroom is higher, which increases daylight. This design was once quite popular, though it did not come without its demerits. It necessitated a more complicated and time-consuming construction process, thus incurring greater costs. With developments in the power industry, lighting no longer posed problems and buildings built in this style have gradually gone out of date. There are only a small number of such buildings left in the world, mostly found in countries like China, Germany and the USA.

798 SPACE is owned by Xu Yong and designed by Huang Rui. Both have taken great care of this cultural relic. No partitions or decorations have been added and slogans left from the Cultural Revolution have been kept on. They have added an interlayer on a side of the building to form a meeting room. 798 SPACE houses two moderately sized areas, the Old Factory Bar and an art bookstore. The bar counter, tables, desks and design of the area adopts an industrialised style, making it look warm and comfortable.

La Dashanzi Art Zone est un nouveau quartier de Pékin en plein développement. Nombreux sont les artistes qui ont parrainé ses galeries, studios, clubs et bars et le quartier est rapidement devenu le Soho de la capitale.

Parmi la centaine d'institutions que l'on peut y trouver, 798 SPACE est sans aucun doute l'endroit phare. L'espace s'étend sur plus de 1700 mètres carrés et peut s'enorgueillir d'abriter des installations diverses, zones d'exposition, de divertissement, de restauration et une librairie d'art. Cet espace a été cité dans la rubrique « Style of the Capital » du magazine Newsweek et est depuis lors devenu le symbole de la nouvelle image de Pékin.

Le bâtiment original a été conçu et construit par des architectes d'Allemagne de l'Est dans les années 50. Il se caractérise par un élément unique : un mince toit à coque dont le poids est supporté par des colonnes et des poutres. Ce design particulier est plus léger et embellit le bâtiment. En outre, l'échappée est plus élevée, ce qui augmente la lumière du jour. Ce concept était assez populaire à l'époque, mais ne comportait pas que des avantages. Son processus de construction était plus compliqué et plus laborieux et impliquait par conséquent des coûts supérieurs. Grâce aux progrès réalisés dans le domaine de l'énergie, l'éclairage n'était plus problématique et ce type de construction est lentement passé aux oubliettes. Il ne reste que très peu de bâtiments de ce genre dans le monde, essentiellement en Chine, en Allemagne et aux États-Unis.

798 SPACE appartient à Xu Yong et a été conçu par Huang Rui. Ils ont tous deux pris grand soin de cette relique culturelle. Aucune cloison ni aucune décoration n'ont été ajoutées et les slogans datant de la Révolution culturelle ont été conservés. Une mezzanine a été ajoutée d'un côté du bâtiment pour abriter une salle de réunion. 798 SPACE comporte deux zones de taille moyenne, le bar Old Factory et une librairie d'art. Le comptoir du bar, les tables, les bureaux et le design de la zone adoptent un style industriel et l'endroit est chaleureux et confortable.

De Dashanzi Art Zone is een nieuwe hippe wijk in Peking. Kunstenaars bevolken hier de galerieën, ateliers, clubs en bars, en de wijk is hard op weg om de Soho van de hoofdstad te worden.

Van de bijna honderd instellingen die zich hier hebben gevestigd, is 798 Space zonder twijfel het paradepaardje. De ruimte beslaat meer dan 1.700 vierkante meter en biedt onderdak aan verschillende faciliteiten, zoals expositieruimten, cafés en een kunstboekenwinkel. Sinds Newsweek een artikel aan het complex wijdde, is het uitgegroeid tot het symbool van het nieuwe imago van Peking.

798 Space is gevestigd in een gebouw dat werd ontworpen door Oost-Duitse architecten in de jaren '50. Karakteristiek zijn dan ook de hoge ruimte met grote ramen – die zorgen voor voldoende daglicht – en de steunbalken en kolommen die het dak dragen. Dergelijke ontwerpen waren ooit heel populair, maar er kleefden ook enkele nadelen aan: het bouwproces was ingewikkeld en tijdrovend, en bracht veel kosten met zich mee. Meer recente industriële ontwikkelingen zorgden voor andere bouwstijlen en dit type constructie nam steeds meer in populariteit af. Een klein aantal van dit soort gebouwen is nog te bewonderen in onder meer China, Duitsland en de Verenigde Staten.

798 Space wordt gerund door Xu Yong en werd ontworpen en ingericht door Huang Rui. De oorspronkelijke structuur bleef gehandhaafd. Ook werden er geen nieuwe elementen of decoraties toegevoegd en de slogans uit de Culturele Revolutie bleven bewaard. Wel werd er aan een kant van het gebouw een entresol gebouwd, die dienstdoet als ontmoetingsruimte. 798 Space biedt onder meer onderdak aan de Old Factory Bar en een kunstboekenwinkel. De toonbank, tafels, stoelen, enz. hebben allemaal een industriële stijl, wat het geheel een moderne, comfortabele sfeer geeft.

◀

008

八

▲ Visitors can take a rest on the interlayer.
Les visiteurs peuvent se détendre sur la mezzanine.
Bezoekers kunnen uitrusten op de entresol.

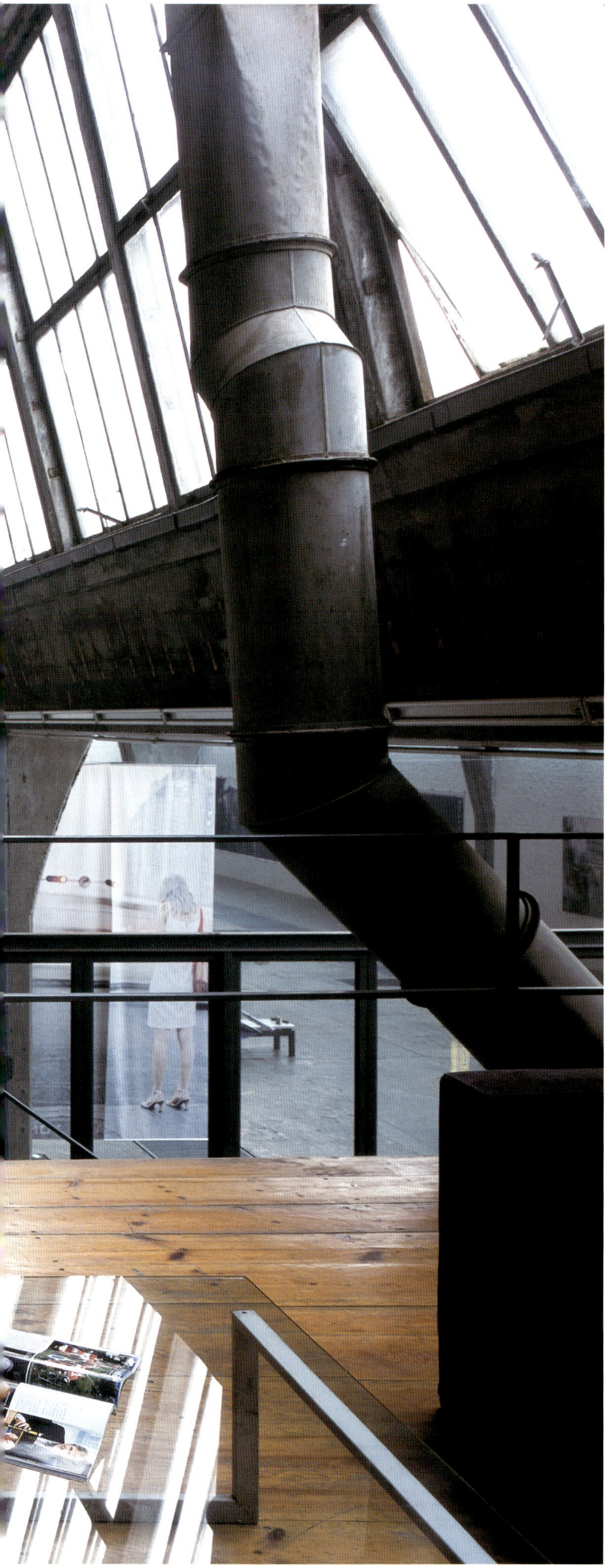

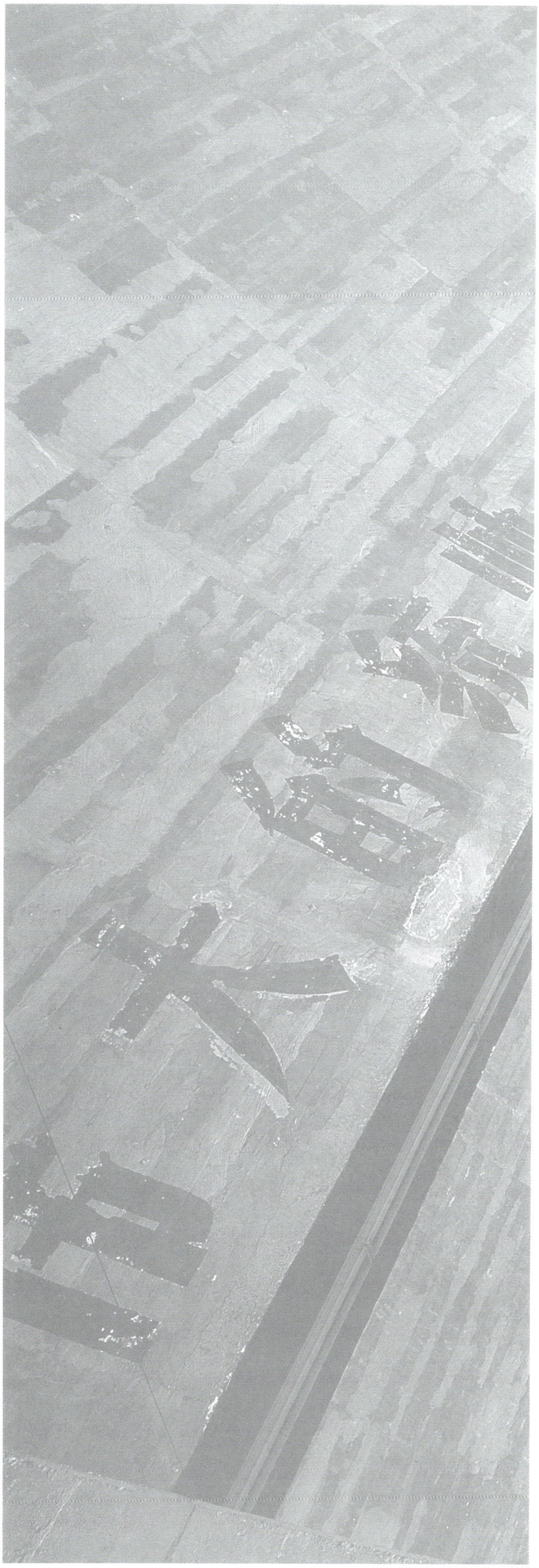

▲ Many slogans from the Cultural Revolution found on the walls have been kept.
Des slogans de la Révolution culturelle trouvés sur les murs ont été conservés.
De slogans uit de Culturele Revolutie bleven bewaard.

The art sculpture adds a design element to the interior.   La sculpture à l'intérieur est un élément design de plus.   Het beeldhouwwerk voegt een designelement toe aan de inrichting. ▲

The Old Factory Bar. ▲
Le bar Old Factory.
De Old Factory Bar.

069

▲ The spacious workshop can hold various large-scale exhibitions.
L'atelier spacieux peut accueillir diverses expositions à grande échelle.
De ruime fabriekshal kan onderdak bieden aan verschillende grote exposities.

▲ Another view of the Old Factory Bar.
Une autre vue du bar Old Factory.
Een ander uitzicht op de Old Factory Bar.

The art bookstore that is connected to the exhibition hall. ▲
La librairie d'art est reliée à la salle d'exposition.
De kunstboekenwinkel is verbonden met de expositieruimte.

ZHENGDA MUSIC

PHOTOGRAPHY : SUN XIANGYU
DESIGNER : YANG XIAOPING
DESIGN FIRM : YANG XIAOPING DESIGN STUDIO
LOCATION : CHAOYANGOU, BEIJING

▶

Zhengda Music is a music production centre of considerable scale in Beijing. Recently, they rebuilt an old stoke-hold of 800 square metres in a factory into a unique music workshop complete with a recording studio, offices, bar and a small stage.

During the process of reconstruction, the designers focused their attention on three aspects. First, they tried their best to retain the original appearance. In this way, they maintain the spatial integrity of the original building, while also ensuring that there is enough daylight. On the other hand, they also kept the original boilers, trans-formers and various pipes and valves as part of the décor.

Secondly, they rearranged part of the space to meet the demands of a music production centre. They located the recording studio and offices on the second floor of the newly built interlayer, and left the bar and stage on the first floor where it is more spacious. In this way, areas with different functions are both independent yet well-connected.

Thirdly, they covered all the walls and ceilings with egg containers made of recycled paper, which is also the most ingenious idea in their design. In this way, they ensure that sound is absorbed during music production and performances, while also cutting down on construction costs. What's more, it meets the demand of en-vironmental protection. Who knew that the cheap egg containers could be used in such a way? We can only admire the ingenious idea of the designers.

Zhengda Music est un centre de production musicale assez renommé à Pékin. Récemment, ils ont reconstruit l'ancienne chaufferie de 800 mètres carrés d'une usine et l'ont transformé en un atelier musical unique équipé d'un studio d'enregistrement, d'un bar et d'une petite scène.

Lors du processus de reconstruction, les designers se sont concentrés sur trois points. Tout d'abord, ils se sont attachés à conserver l'apparence originale. Ils ont donc conservé l'intégrité spatiale du bâtiment tout en veillant à ce qu'il y ait suffisamment de lumière du jour. D'autre part, ils ont également gardé les chaudières, les transformateurs et autres tuyaux et valves et les ont intégrés au décor.

Deuxièmement, ils ont réaménagé une partie de l'espace afin de l'adapter aux besoins d'un centre de production musicale. Ils ont installé le studio d'enregistrement et les bureaux au deuxième étage de la nouvelle mezzanine et ont laissé le bar et la scène au rez-de-chaussée, plus spacieux. Ainsi, les zones destinées à différents usages sont à la fois indépendantes et bien reliées.

Troisièmement, ils ont recouvert tous les murs et plafonds de boîtes d'œufs en carton recyclé ; c'est sans doute l'idée la plus ingénieuse de leur design. Cela permet d'absorber le son pendant la production et les concerts, tout en réduisant les coûts. Sans oublier le respect de l'environnement. Qui eût cru que de vulgaires boîtes d'œufs pourraient être utilisées de cette manière ? Nous ne pouvons qu'admirer la riche idée des créateurs.

Zhengda Music is een groot centrum voor muziekproducties in Peking. Onlangs verbouwden de eigenaren de oude stookplaats van een fabriek – met een oppervlakte van achthonderd vierkante meter – tot een unieke 'muziekwerkplaats', met een opnamestudio, verschillende kantoren, een bar en zelfs een klein concertpodium.

Tijdens de verbouwing hielden de ontwerpers rekening met drie belangrijke aspecten. Ten eerste probeerden ze het oorspronkelijke gebouw zoveel mogelijk intact te laten. Ook besloten ze de originele boilers, transformators en buizen als onderdeel van de ruimte te handhaven. Ten tweede richtten ze een deel van de ruimte opnieuw in om tegemoet te komen aan de eisen van de moderne muziekindustrie. Op de – pas gebouwde – entresol werden een opnamestudio en een aantal kantoren ingericht. En op de wat ruimere begane grond werd een bar gebouwd en een klein podium opgesteld. Op deze manier functioneren de verschillende ruimten los van elkaar, maar staan ze toch met elkaar in verbinding. Ten derde besloten ze de muren en de plafonds te bedekken met eierdozen van gerecycled karton: het meest ingenieuze idee van hun hele ontwerp. Zo zorgden ze voor een goede geluidsisolatie die tegelijk kostenbesparend en ook nog eens goed voor het milieu is. Wie had er van tevoren kunnen bedenken dat goedkope eierdozen nog eens op zo'n manier zouden worden gebruikt? We kunnen alleen maar bewondering hebben voor het briljante idee van de ontwerpers.

◀

九

009

▲ The original boilers are kept on as part of the décor.   Les anciennes chaudières font désormais partie du décor.   De originele boilers bleven gehandhaafd als onderdeel van de ruimte.

▲ The full view of the loft in which the egg containers made of paper on the walls and ceiling can be seen clearly.
Une vue d'ensemble du loft où l'on peut voir clairement les boîtes d'œufs en papier accrochées aux murs et au plafond.
Een totaaloverzicht van de loft waarbij je de eierdozen op de muren en het plafond goed kunt zien.

There is a small stage beside the potted plants. ▲
Il y a une petite scène à côté des plantes en pot.
Naast de kamerplanten bevindt zich het kleine podium.

▲ The stage as seen from one corner of the bar.
La scène est visible depuis le coin du bar.
Het podium, gezien vanuit het gezichtspunt van de bar.

▲ The recording studio and offices are on the second floor of the interlayer.
Le studio d'enregistrement et les bureaux sont au deuxième étage de la mezzanine.
De opnamestudio en de kantoren kregen een plekje op de entresol.

There is a rest area for the employees outside the work area. ▲
Il y a un espace de détente pour les employés à l'extérieur de la zone de travail.
De ontspanningsruimte voor de werknemers, die zich buiten de werkruimte bevindt.

ON & OFF DUTY COLLEGE

PHOTOGRAPHY : SUN XIANGYU
DESIGNER : SU DAN
LOCATION : CHAOYANGQU, BEIJING

▶

The owner of this place is a college professor who teaches environmental design. He built this yard as he wanted a quiet place in a noisy neighbourhood that he can use for his reading pleasure, or to meet up with friends. There are two reasons why he calls it On & Off Duty College. Firstly, he wanted to express the idea that Chinese scholars always yearn for a kind of free life so that they need not work in the office from 9 to 5. Secondly, he uses the traditional college concept to show that it is a place for reading and teaching.

The yard is located in an old factory. It was originally used as a workshop for recycling silver during the process of rubbish disposal and was later used to store waste products. The professor found it by chance and was very excited with this treasured find. After two months of reconstruction, the yard is no longer dirty and messy. On the contrary, it looks quiet and tastefully laid out.

In the reconstructed yard, there is both the gravel road and boardwalk, and the designer also built a pool and a glasshouse. In order to make the yard look bigger, four partitions are built to separate the front yard from the backyard. At the north end of the yard, there was originally a small workshop. After reconstruction, it has become a multifunctional place: an art galley, living room and bedroom where the owner reads and meets his friends. To create a more intimate atmosphere, a huge cage made of square steel is used to cover this small building. This way, the metallic fences will cast strip shadows on the wall and the ground to create an artistic atmosphere. To help save costs, the inside walls are painted with varnish. This also helps to relay a sense of the Chinese décor of the interior. Compared to the flourishing plants, the dark-coloured water and the red bricks outside, the interior colour seems too dull. To solve the problem, the owner makes use of the rich colours of the ceiling and furniture to maintain the balance.

Le propriétaire de cet endroit est un professeur universitaire de conception environnementale. Il a construit ce jardin parce qu'il voulait un endroit calme dans un quartier bruyant où il pourrait s'adonner à la lecture et inviter ses amis. Deux raisons l'ont poussé à baptiser cet endroit « On & Off Duty College ». Premièrement, il voulait exprimer l'idée que les érudits chinois aspirent toujours à une sorte de vie libre dans laquelle ils ne devraient pas travailler dans un bureau de 9h00 à 17h00. Deuxièmement, il se sert du concept de l'université traditionnelle chinoise pour montrer qu'il reste une place pour la lecture et l'enseignement.

Le jardin se situe dans une ancienne usine. Il servait jadis d'atelier pour le recyclage de l'argent lors du processus d'élimination des déchets, puis est devenu un entrepôt pour les produits de résidus. Le professeur l'a déniché par hasard et était très excité par la découverte de ce trésor. Après deux mois de travaux de reconstruction, le jardin n'est plus sale ni désordonné. Bien au contraire, il est paisible et aménagé avec goût.

Dans ce jardin reconstruit, on trouve à la fois des chemins de gravier et des passerelles en bois, et le designer a également créé une piscine et une serre. Pour que l'espace semble plus grand, quatre cloisons ont été ajoutées pour séparer l'avant et l'arrière du jardin. À l'extrémité nord, il y avait à l'origine un petit atelier. Il a été transformé en un espace multifonctions : galerie d'art, salle de séjour et chambre à coucher où l'hôte lit et se retrouve avec ses amis. Pour créer une ambiance plus intime, une immense cage fabriquée avec de l'acier carré est utilisée pour recouvrir cette petite maison. Ainsi, le grillage métallique projette des ombres sur les murs et sur le sol et fait naître une sorte d'atmosphère artistique. Pour réduire les coûts, les murs de l'intérieur sont peints avec du vernis. Cela permet également de refléter le décor chinois de l'intérieur. En comparaison avec les plantes luxuriantes, l'eau obscure et les briques rouges de l'extérieur, la couleur de l'intérieur semble un brin morose. Pour résoudre cela, le propriétaire utilise les couleurs intenses du plafond et des meubles pour rétablir l'équilibre.

De eigenaar van deze plek is een professor die les geeft in ruimtelijk ontwerp. Hij legde deze tuin aan omdat hij verlangde naar een rustpunt in de lawaaierige wijk waar hij woont -- een plek om rustig te kunnen lezen of om samen te komen met vrienden. Hij had twee redenen om het huis 'On & Off Duty College' te noemen. Ten eerste wilde hij uitdrukking geven aan het feit dat Chinese geleerden altijd verlangen naar een vrij leven –bevrijd van de negen-tot-vijf-mentaliteit. En ten tweede wilde hij duidelijk maken dat dit een plek is die bedoeld is om te lezen en te leren.

De tuin is gevestigd in een oud fabrieksgebouw. Dit gebouw werd vroeger gebruikt om zilver te recyclen uit afval en werd later een opslagplaats voor afvalproducten. De professor kwam het gebouw bij toeval tegen en zag meteen volop mogelijkheden. Na een volledige opknapbeurt die twee maanden duurde, is de tuin niet meer rommelig en vies. Integendeel, de plek is een oase van rust en is zeer smaakvol vormgegeven.

De tuin heeft een kiezel- en een plankenpad. En de ontwerper liet ook nog een zwembad en een serre aanleggen. Om de tuin groter te laten lijken, werden vier tussenmuren geïnstalleerd, die de voor- en achtertuin van elkaar scheiden. Aan de noordzijde van de tuin staat een kleine werkplaats, die omgebouwd werd tot een multifunctionele ruimte met een kunstgalerie, een slaapkamer en een woonkamer, waar de professor leest en zijn vrienden ontvangt. De kleine ruimte is bedekt met een enorme stalen kooi, die bijdraagt aan de intieme sfeer die hier heerst. Het traliewerk van de kooi veroorzaakt schaduwen op de muur en de grond, wat een mooi schouwspel oplevert en ook nog een artistiek element toevoegt aan het geheel. Om kosten te besparen werden de muren binnen alleen bedekt met een laagje vernis. Vergeleken met de bloeiende planten, het donkergekleurde water en de rode bakstenen buitenmuur was de binnenkant eigenlijk te saai. Maar door de plafonds een mooie kleur te geven en het pand in te richten met felgekleurd meubilair werd dit probleem snel opgelost. Binnen en buiten zijn nu mooi in balans.

◀

010

▲ The shadows in the room change from time to time..
Les ombres projetées dans la pièce changent au fil du temps...
De schaduwen in de kamer veranderen met het verstrijken van de tijd.

The facade of the On & Off Duty College.   La façade du On & Off Duty College.   De gevel van On & Off Duty College. ▲

The little yard is a quiet respite in a noisy neighbourhood. ▲
Le petit jardin est calme en dépit du quartier bruyant qui l'entoure.
De kleine tuin is een oase van rust in een lawaaierige wijk.

▲ A neatly arranged space.
Un espace joliment aménagé.
Een smaakvol ingerichte ruimte.

The facade of the home.   La façade de la maison.   De gevel van het huis ▲

The colours of the furniture form a sharp contrast. ▲
Les couleurs des meubles créent un contraste saisissant.
De kleuren van het meubilair vormen een mooi contrast met de muren.

▲ The pool and glasshouse in the yard.
La piscine et la serre dans le jardin.
Het zwembad en de serre in de tuin.

PASSION
IN THE LOFT

PHOTOGRAPHY : GUO SHI
DESIGNER : DONG ZHENGANG
LOCATION : CHAOYANGOU, BEIJING

Dong Zhengang, an artist, made this loft his home after he returned from France. The loft is a two-storey building, occupying almost 200 square metres in space. Most of the loft is used as a studio, thus relegating the bedroom to a small space at the end of the second floor.

It is interesting to note that although the two floors are used as the studio, they both have different styles. The first floor is where the artist displays his post-impressionistic artistic works, which are quite rich and gaudy in colour. The second level is where the artist creates ink and wash paintings of beauties, which he hangs on the wall. The studio here is rather simple and it is filled with abundant sunshine. There is a long and thin desk for painting, which looks like an abstract artistic work itself with blocks of ink stains that were left by the artist when painting. Through the big window beside the desk, one can see the green grass and a pool of clear water, which adds to the rustic charm. Of course, the hospitable host also left a spacious living room at the entrance of the first floor, where there are rows of homemade steel stools and a big red sofa that are always ready to welcome a party of distinguished friends. In this loft, a leisurely lifestyle perfectly combines with a passion of artistic creation.

Dong Zhengang, artiste, a fait de ce loft sa maison à son retour de France. C'est un bâtiment à deux étages, qui s'étend sur près de 200 mètres carrés. Une grande partie de l'espace sert de studio. La chambre occupe un espace restreint au bout du premier étage.

Il est intéressant de constater que bien que les deux étages soient utilisés comme studio, ils ont chacun un style différent. Au rez-de-chaussée, l'artiste expose ses oeuvres post-impressionnistes, assez colorées et polychromes. Au premier, l'artiste peint des tableaux à l'encre et lavis de toute beauté, qui sont accrochés au mur. Là, le studio est assez simple et baigné d'une lumière abondante. Une table longue et étroite est destinée à la peinture et, avec les tâches d'encre laissées par l'artiste pendant son travail, elle ressemble à une oeuvre d'art abstrait. Par la grande fenêtre située derrière la table, on peut voir l'herbe verte et une piscine d'eau claire, qui intensifient le charme rustique du lieu. Bien entendu, l'hôte, fort accueillant, a aménagé un grand séjour à l'entrée du rez-de-chaussée, où des rangées de tabourets en acier faits main et un grand canapé rouge sont toujours prêts à accueillir des amis chics le temps d'une fête. Dans ce loft, un mode de vie tranquille se conjugue à la perfection avec la passion pour la création artistique.

De kunstenaar Dong Zhengang koos na een verblijf in Frankrijk deze loft uit om in te wonen. Het gebouw heeft twee woonlagen en een woonoppervlak van bijna tweehonderd vierkante meter. Het grootste deel wordt gebruikt als atelier – voor de slaapkamer bleef nog een kleine ruimte over op de eerste verdieping.

Het is interessant om te zien dat – hoewel ze allebei worden gebruikt als atelier – de lagen elk een andere uitstraling hebben. Zo staat de begane grond in het teken van het felgekleurde postimpressionistische werk van de kunstenaar en kunnen we op de eerste verdieping zijn portretten in inkt bewonderen. Het atelier op de eerste verdieping is eenvoudig ingericht en er valt hier veel licht naar binnen. De lange, smalle werktafel die er staat – bedekt met inktvlekken – lijkt op zich al een abstract kunstwerk. Het grote raam naast de werktafel biedt uitzicht op een grasveld met vijver, wat de landelijke charme van het geheel nog eens versterkt.

Natuurlijk liet de gastheer ook nog ruimte over voor een comfortabele woonkamer. De rijen stalen krukken – die hij zelf ontwierp – en een grote rode sofa staan hier altijd uitnodigend klaar voor een gezellig samenzijn met vrienden. Deze loft toont ons dat een comfortabele levensstijl en een gepassioneerd kunstenaarsbestaan heel goed samengaan.

十一

011

▲ The brick walls and the white area form a delicate contrast.
Le murs de briques et la zone blanche créent un contraste délicat.
De stenen muur vormt een subtiel contrast met een witte wand.

▲ The rows of chairs reflect the hospitality of the host.
Les rangées de chaises reflètent l'hospitalité de l'hôte.
De rijen krukken geven de kamer een gastvrije uitstraling.

The fireplace adds a design element to the interior. ▲
La cheminée est un élément design de plus.
De open haard voegt een designelement toe aan de inrichting.

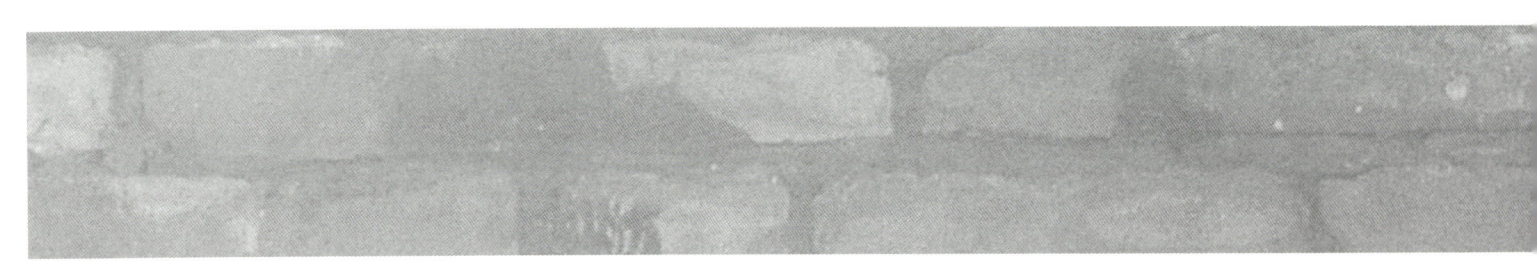

▲ The area is reminiscent of an art gallery.
L'espace évoque une galerie d'art.
De ruimte doet denken aan een kunstgalerie.

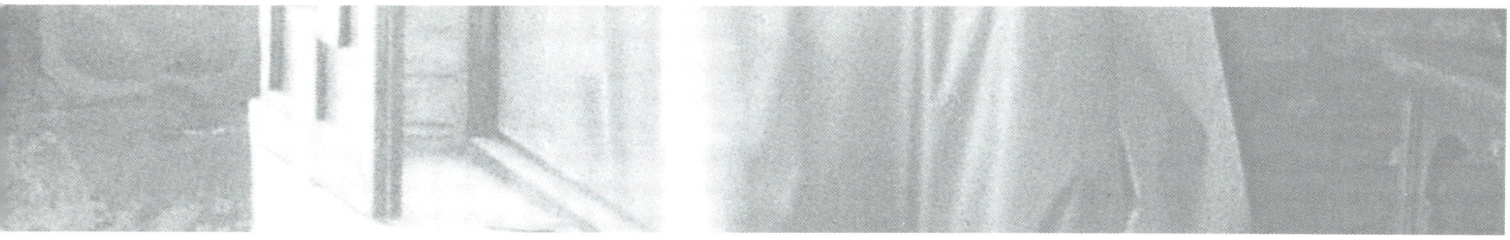

The host's artistic works are displayed on the wall. ▲
Les oeuvres d'arts de l'hôte sont exposées au mur.
De muren hangen vol met Dong Zhengangs werk.

WHITE SPACE

PHOTOGRAPHY : SUN XIANGYU
DESIGNERS : ALEXANDER OCHS AND TIAN YUAN
LOCATION : CHAOYANGOU, BEIJING

▶

In traditional Chinese calligraphy and painting, leaving a blank space has always been a kind of high-level artistic language and artistic conception. WHITE SPACE is the Chinese name of a German gallery located in China. Does its zenith name also show some respect for traditional Chinese art?

In 1997, Jaana Prüss and Alexander Ochs co-founded PRÜSS & OCHS Gallery in Berlin, Germany. Their gallery has become one of the best representatives of contemporary East Asian art ever since its foundation. It displays a lot of artistic works from China, Korea, Japan, Indonesia and India by way of cooperation with many art galleries, institutions and collection organisations. In February 2004, the Chinese branch of their gallery WHITE SPACE opened in Beijing.

In this gallery, the walls and ceiling are all painted white while the floor remains as it is, in concrete. On one hand, it is for the convenience of art exhibition while on the other, it is the best annotation of its Chinese name. Their office is on the slanting interlayer, which is different from any other offices. This slanting interlayer makes the whole space look lively.

Dans la calligraphie et la peinture chinoises, laisser un espace blanc a toujours été une sorte de langage et de concept artistique de haut vol. WHITE SPACE est le nom chinois d'une galerie allemande installée en Chine. Ce nom zénithal est-il également une démonstration du respect de l'art traditionnel chinois ?

En 1997, Jaana Prüss et Alexander Ochs ont fondé ensemble la galerie PRÜSS & OCHS à Berlin, en Allemagne, Leur galerie est l'une des meilleures vitrines de l'art contemporain d'Asie orientale depuis sa fondation. De nombreuses oeuvres provenant de Chine, de Corée, du Japon, d'Indonésie et d'Inde y sont exposées grâce à la collaboration entretenue avec plusieurs galeries d'art, institutions et groupes de collectionneurs. En février 2004, la branche chinoise de leur galerie WHITE SPACE a été inaugurée à Pékin.

Dans cette galerie, les murs et le plafond sont peints en blanc et le sol est resté tel quel, en béton. D'une part, ce design est idéal pour une exposition artistique et de l'autre, c'est la meilleure illustration du nom chinois de la galerie. Leur bureau est situé sur la mezzanine oblique et se distingue de tous les autres bureaux. Cette mezzanine oblique confère un certain dynamisme à l'espace.

In de traditionele Chinese kalligrafie en schilderkunst stond het openlaten van een lege plek altijd voor een hoge mate van artisticiteit. WHITE SPACE is de naam van een Duitse galerie in China. Maar staat deze naam ook voor respect voor de traditionele Chinese kunst?

In 1997 richtten Jaana Prüss en Alexander Ochs de Prüss & Ochs galerie op in Berlijn. Sindsdien staat zij bekend als een van de beste vertegenwoordigers van de hedendaagse Oost-Aziatische kunst. De galerie organiseert veel exposities van kunstwerken uit China, Japan, Korea, Indonesië en India, in samenwerking met galerieën en instituten van over de hele wereld. In februari 2004 openden ze in Peking de Chinese branche van hun galerie – WHITE SPACE.

De muren en het plafond van deze galerie zijn wit geschilderd en de vloer is van beton. Een dergelijke minimalistische look vergemakkelijkt natuurlijk het tentoonstellen van werk, maar ook wordt op deze manier de naam – WHITE SPACE – alle eer aangedaan. Het kantoor van de galerie bevindt zich op een schuin aflopende entresol, wat het geheel een levendige uitstraling geeft.

◀

十二

012

▲ The minimalist space of the gallery.   L'espace minimaliste de la galerie.   De minimalistische ruimte van de galerie.

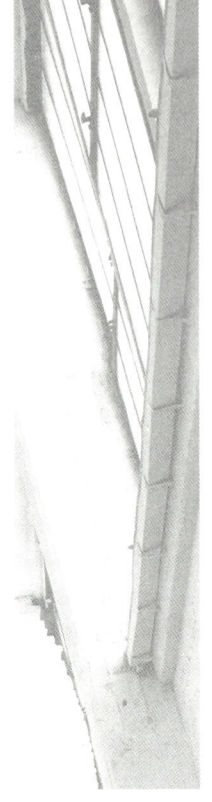

▲ A series of sculptures on display.
Une série de sculptures exposées.
Een serie tentoongestelde beeldhouwwerken.

The artwork on the wall adds some colour to the interior. ▲
L'œuvre d'art sur le mur ajoute de la couleur à l'intérieur.
De kunstwerken aan de muur geven het interieur kleur.

▲ The stairs that lead to the second storey.
L'escalier qui mène à l'étage.
De trap die naar de entresol leidt.

The second storey serves as an office area.   L'étage sert de bureau.   Het kantoor bevindt zich op de entresol. ▲

▲ Some of the artwork is displayed on a platform.   Certaines oeuvres d'art sont exposées sur une plate-forme.   Sommige kunstwerken staan op een verhoging.

The concrete floor complements the minimal look of the gallery. ▲
Le sol en béton parachève le minimalisme de la galerie.
De betonnen vloer past goed bij de minimalistische look van de galerie.

FACTORY 798

PHOTOGRAPHY · SUN XIANGYU
DESIGNER · KANG RUSONG
LOCATION · CHAOYANGQU, BEIJING

▶

About five years ago, a group of art-lovers with an avid interest in reconstructing workshops started living in Factory 798 in Dashanzi, Beijing. An American by the name of Kang Rusong (also known as David Ben Key), along with his British wife and their children, was one of them. He discovered that it was a wonderful place where he could play up his imagination and creativity, and he and his family regarded this place as their future home. They loved the architecture that was built in the '50s in a Bauhaus style, which is simple and unadorned, capacious and massive. They found it quite different from the typical apartments, office buildings and villas found downtown.

The interior space of the architecture is about seven metres high, with the eye-catching thick columns and rows of round skylights being the most remarkable symbols. Many of the original symbols were kept during the reconstruction, namely the weighing machine beside the door, the vent pipe in the kitchen, the red slogan on the wall, the sandstone square pool, etc.

While most of the original concrete flooring is retained, part of the floor is covered with wood and tiles. The original red brick walls are also retained, although some parts were painted white during reconstruction. White partitions with round and square holes are also put up to redesign the layout of the space. The holes allow for better ventilation and let in more light during the day. The space features the basic tones of white, gray and red, which are interspersed with black lines. Almost all the stair rails and furniture are made of black steel.

It has always been Kang Rusong's dream to be able to see different views at different spots in his home, which comes true in this complicated matrix.

Il y a environ cinq ans, un groupe d'amateurs d'art passionnés par la reconstruction d'ateliers a élu domicile dans l'usine Factory 798 de Dashanzi, à Pékin. Un Américain du nom de Kang Rusong (également connu comme David Ben Key), sa femme anglaise et leurs enfants, faisaient partie de ce groupe. Kang Rusong a découvert que c'était un endroit merveilleux où il pourrait laisser libre cours à son imagination et à sa créativité. Lui et sa famille ont donc décider d'en faire leur future maison. Ils aimaient l'architecture de ce bâtiment construit dans les années 50 et inspiré du style Bauhaus, simple et dénudé, vaste et massif. Cet endroit était différent des appartements traditionnels, des immeubles de bureaux et des villas du centre-ville.

À l'intérieur, les plafonds de sept mètres de haut, les colonnes épaisses et provocantes et les enfilades de lucarnes rondes sont les traits les plus frappants. La plupart des symboles originaux ont été conservés pendant la reconstruction, entre autres la bascule près de la porte, le conduit de ventilation dans la cuisine, le slogan rouge sur le mur et le bassin carré en grès.

Tandis qu'une grande partie du sol en béton d'origine a été conservé, certaines zones sont recouvertes de bois et de carrelage. Les anciens murs en brique rouge n'ont pas été changés, sauf à certains endroits où ils ont été repeints. Des cloisons blanches avec des trous ronds et carrés ont également été ajoutées pour redessiner la disposition de l'espace. Ces trous procurent une meilleure aération et laissent entrer plus de lumière pendant la journée. L'espace se caractérise par des tons élémentaires de blanc, de gris et de rouge, où s'intercalent des lignes noires. Les rampes d'escalier et les meubles sont quasiment tous en acier noir.

Kang Rusong a toujours rêvé de pouvoir avoir plusieurs perspectives de sa maison selon l'endroit où il se trouve, c'est devenu une réalité dans cette matrice complexe.

Ongeveer vijf jaar geleden besloot een groep kunstliefhebbers met een passie voor het opknappen van oude gebouwen, zich te vestigen in Factory 798 in Dashanzi, Peking. Een van deze mensen was de Amerikaan Kang Rusong (ook bekend als David Ben Key). Hij ontdekte al snel dat dit dé plek was waar hij zijn verbeelding en creativiteit de vrije loop kon laten. En ook zijn Engelse vrouw en hun kinderen voelden zich hier meteen thuis. Het pand stamt uit de jaren '50 en heeft een typische Bauhaus-stijl, dat wil zeggen: eenvoudig en onversierd, ruim en indrukwekkend.

Het gebouw is vanbinnen zeven meter hoog en wat hier vooral opvalt zijn de dikke pilaren en de grote raampartijen. Veel van de oorspronkelijke elementen bleven tijdens de verbouwing bewaard, zoals het weegtoestel naast de deur, de ventilatiepijp in de keuken, de rode slogan op de muur en het vierkante zandstenen bassin.

Het grootste deel van de originele betonnen vloer bleef gehandhaafd; een klein deel werd bedekt met hout en tegels. Ook de rode bakstenen muren bleven bewaard; slechts enkele delen werden wit geschilderd. Kang Rusong besloot om hier en daar witte tussenmuren – met ronde en vierkante gaten – te plaatsen, zodat de ruimte een nieuwe indeling kreeg. De gaten zorgen voor een goede ventilatie en laten ook nog eens veel licht door. De basiskleuren wit, grijs en rood – hier en daar onderbroken door zwarte lijnen – overheersen in het pand. En bijna alle trapleuningen en veel meubelstukken werden gemaakt van zwart staal.

Het was altijd al Kang Rusongs droom om op verschillende plekken in zijn huis een ander uitzicht te hebben. Deze droom heeft hij in Factory 798 meer dan waar kunnen maken.

◀

013 十三

▲ An open living room concept.
Le concept d'une salle de séjour ouverte.
Het concept van de 'open woonkamer'.

The basic structure of the original workshop is almost the same, the only change is the addition of some white partitions. ▲
La structure de base de l'atelier original est pratiquement conservée, le seul changement étant l'ajout de quelques cloisons.
De oorspronkelijke structuur van het fabrieksgebouw bleef bewaard. Er werden alleen hier en daar witte tussenmuren geplaatst.

The general tone here is white, gray and red, interspersed with some black lines. ▲
Les tons dominants sont le blanc, le gris et le rouge, avec quelques lignes noires intercalées.
De basiskleuren wit, grijs, rood en zwart overheersen hier.

▲ Almost everything is designed by Kang Rusong himself.
Quasiment tout a été conçu par Kang Rusong lui-même.
Bijna alles is ontworpen door Kang Rusong zelf.

▲ The skylights are kept big to ensure that there is enough daylight.
Les lucarnes sont grandes pour que la lumière du jour soit suffisante.
De grote raampartijen zorgen ervoor dat er voldoende daglicht naar binnen stroomt.

The weighing machine stands by the door as a monument of a past era. ▲
La bascule trône à côté de la porte, telle un monument du passé.
Het weegtoestel staat naast de deur als een monument uit lang vervlogen tijden.

▲ A uniquely-designed circular fountain.
Un fontaine circulaire au design exclusif.
Een unieke cirkelvormige fontein.

The open bedroom and studio of the host on the 2nd floor. La chambre et le studio ouverts de l'hôte à l'étage. De open slaapkamer en werkkamer van onze gastheer op de eerste verdieping. ▲

The walkway on the 2nd floor. ▲
La passerelle du premier étage.
De gang op de eerste verdieping.

The children's recreation centre. ▲
La salle de jeux des enfants.
De kinderspeelkamer.

WANG HUI'S STUDIO

PHOTOGRAPHY : SUN XIANGYU
DESIGNERS : WANG HUI AND YANG YANG
DESIGN FIRM : 2529 DESIGN CO.
LOCATION : XICHENGQU, BEIJING

▶

This café was originally a warehouse that is located beside the beautiful West Sea in downtown Beijing. Designers Wang Hui and Yang Yang took a fancy to the surroundings and rebuilt it as a waterside cafeteria. As time went by, it turned into a multipurpose building with a cafeteria, studio, art gallery, club and their own home.

During the process of interior design, the main feeling the designers were trying to portray is "lightness". They chose the colour white to express this feeling. As a result, almost everything inside is white: floor, walls, ceiling, curtains, furniture, stairs, heating system, etc. Apart from this, they also emphasised on the green environment and the reflection in the water, which also helps to strengthen the feeling of "lightness".

The whole building is divided into two parts. The first floor is very capacious and used as studio, art gallery, club, etc. The second floor is used as their home.
In order to meet various demands and make life more convenient here, the owners built a big island-like bar counter and kitchen, which also makes the square space look diversified. Besides, the chairs here are different from each other and the worktables are placed irregularly and are of different colors so that the whole space is more comfortable.

Ce café, situé près de la magnifique mer de l'ouest au centre-ville de Pékin, était à l'origine un entrepôt. Les designers Wan Hui et Yang Yang ont été séduits par le cadre et ont fait de cet endroit une cafétéria au bord de l'eau. Au fil du temps, ils l'ont transformé en bâtiment multifonctions avec une cafétéria, un studio, une galerie d'art, un club et leur propre maison.

Lors du processus de décoration de l'intérieur, le sentiment principal que les designers ont cherché à dépeindre est la « légèreté ». Ils ont choisi le blanc pour exprimer ce sentiment. Ainsi, presque tout est blanc à l'intérieur : sol, murs, plafond, rideaux, meubles, escaliers, chauffage, etc. Ils ont également mis l'accent sur le cadre naturel verdoyant et le reflet dans l'eau, qui renforcent le sentiment de légèreté.

Le bâtiment est divisé en deux parties. Le rez-de-chaussée est très spacieux et fait office de studio, de galerie d'art, de club, etc. Quant aux habitants, ils vivent à l'étage.

Afin de répondre à tous les besoins et de rendre la vie plus pratique, les propriétaires ont construit un grand comptoir et une cuisine sous forme d'île. De cette manière, l'espace carré prend une nouvelle dimension. En outre, pour que l'espace soit plus agréable, les chaises sont toutes différentes et les tables de travail, de plusieurs couleurs, sont placées de manière irrégulière.

Deze loft is gevestigd in een voormalig pakhuis naast het mooie West Sea in de binnenstad van Peking. De ontwerpers Wang Hui en Yang Yang lieten zich inspireren door de prachtige omgeving en verbouwden het pakhuis eerst tot een café aan de waterkant. Met het verstrijken van de tijd veranderde het gebouw echter in een multifunctioneel centrum, dat onder meer onderdak biedt aan een café, een atelier, een kunstgalerie, een club en het woonhuis van de ontwerpers. De ontwerpers probeerden met de inrichting een gevoel van 'lichtheid' over te brengen. Ze kozen voor de kleur wit om uitdrukking te geven aan dit gevoel. Het resultaat is dat binnen bijna alles wit is: de vloer, de muren, het plafond, de gordijnen, het meubilair, de trap, de verwarming, enz. Daarnaast legden ze de nadruk op de groene omgeving en de weerspiegeling van het gebouw in het water, wat het gevoel van lichtheid nog eens versterkt.

Het gebouw heeft twee woonlagen. De begane grond is heel ruim en wordt gebruikt als atelier, kunstgalerie, club, enz. Op de eerste verdieping vinden we het woonhuis van de ontwerpers. Hier bouwden ze een kookeiland met een bar, wat de vierkante ruimte er wat speelser uit laat zien. Daarnaast zijn de stoelen hier ook allemaal anders en lijken de – verschillend gekleurde – werktafels op een willekeurige manier te zijn neergezet, wat het geheel een relaxte uitstraling geeft.

◀

014

十四

▲ The worktables are laid out freely to create a flexible atmosphere in the studio.
Les tables de travail sont placées librement pour créer une ambiance plus décontractée dans le studio.
De werktafels lijken op een willekeurige manier te zijn neergezet, wat een ontspannen sfeer creëert.

▲ The entire room seems light and spacious in white.
Immaculée, toute la pièce semble légère et vaste.
De hele kamer lijkt licht en ruim door de witte kleur.

The floor windows ensure that the study and platform on the 2nd floor are an organic whole. ▲
Les fenêtres du sol font du studio et de la plate-forme du premier étage un ensemble organique.
De vloerramen zorgen ervoor dat het atelier en het platform op de eerste verdieping een organisch geheel vormen.

The room plays off the shadows. ▲
Un jeu d'ombres dans la pièce.
Deze kamer speelt de schaduwen tegen elkaar uit.

▲ The steel stairs connect the working and living areas.
L'escalier en acier relie les zones de travail et de séjour.
De stalen trap verbindt het werk- met het woongedeelte.

The room is entirely in white, adorned by carefully-chosen furniture and a couple of decorations. ▲
La pièce est entièrement blanche, aménagée de meubles choisis avec soin et ornée de quelques décorations.
Deze geheel witte kamer is ingericht met enkele zorgvuldig uitgezochte meubelstukken en voorwerpen.

MY COOL LIFE

PHOTOGRAPHY : GUO SHI
DESIGNER : ANNE
LOCATION : CHAOYANGOU, BEIJING

▶

Anne, like some other homeowners in this book, also made her home in an old workshop at Dashanzi, Beijing. Her home is only over 60 square metres, which is not big compared to the gallery and exhibition hall beside it. But it is extraordinarily high with a beautiful dome and large skylight, which gives her enough freedom for design. The extraordinary height allows for an interlayer and the dome makes the space rather unique. With the enormous skylight, sunshine pours into the room and makes it brighter.

In the workshop that Anne rents, she has built an interlayer in two directions for the working area, and bedroom and bathroom respectively. The working area is very simple. The bookshelves are built against the wall and made of wood and iron frame. The huge worktable is converted from second-hand furniture and slate. There are also two red work stools in this area. On the other side, the bathroom is located on the second floor and the bedroom is found on the third floor. They are both well-connected yet are quite independent. Anne also made a glass sunshine hut outside the skylight, which adds the finishing touch to her home. The first floor is unobstructed and only the kitchen and living room are separated by the interlayer and stairs.

Anne only has a couple of furniture, most of which are converted from second-hand furniture and materials in the original workshop. It is in harmony with the old-fashioned style of the workshop.

Anne, à l'instar d'autres propriétaires cités dans ce livre, a elle aussi élu domicile dans un ancien atelier de Dashanzi à Pékin. La superficie de sa maison n'est que de soixante mètres carrés, ce qui n'est pas grand par rapport à la galerie et à la salle d'exposition qui se trouvent juste à côté. Mais l'endroit est extraordinairement haut et son magnifique dôme et les grandes lucarnes lui donnent assez de liberté pour créer. La hauteur vertigineuse a permis d'ajouter une mezzanine et le dôme fait de cet espace quelque chose d'assez unique. Avec l'énorme lucarne, le soleil baigne la pièce et la rend plus claire.

Dans l'atelier qu'Anne loue, elle a construit une mezzanine des deux côtés, une pour son espace de travail et une autre pour la chambre et la salle de bains. L'espace de travail est très simple. Les étagères, en bois avec un cadre en fer, sont construites contre le mur. L'immense table de travail est fabriquée à partir d'un meuble d'occasion et d'ardoise. Dans cette zone, il y a également deux tabourets de travail rouges. De l'autre côté, la salle de bain est au premier étage et la chambre au deuxième. Elles sont toutes deux biens reliées et sont assez indépendantes. Anne a également construit une verrière à l'extérieur de la tabatière ce qui donne la touche finale à sa maison. Le rez-de-chaussée est dégagé et seules la cuisine et la salle de séjour sont séparées par la mezzanine et l'escalier.

Anne n'a que quelques meubles, fabriqués à partir de meubles d'occasion et des matériaux de l'ancien atelier. C'est en harmonie avec le style rétro de l'atelier.

Net als veel andere huiseigenaren in dit boek woont ook Anne in een oud fabrieksgebouw in Dashanzi, Peking. Haar huis heeft een woonoppervlak van zestig vierkante meter, wat vergeleken met de galerie en expositieruimte ernaast niet zo groot is. Door de enorme hoogte van het pand is er echter ruimte voor een entresol. Het gewelf geeft het gebouw een unieke uitstraling en de grote raampartij zorgt ervoor dat er voldoende zonlicht naar binnen valt.

Anne besloot om aan beide kanten van de ruimte een entresol te bouwen – voor een werkplek en voor een slaap- en badkamer. De werkplek is eenvoudig ingericht, de van hout en ijzer gemaakte boekenkasten zijn tegen de wand aangebouwd. De reusachtige werktafel werd gemaakt van tweedehands meubelen en leisteen. Opvallend zijn de twee rode krukken. Aan de andere kant bevindt zich de badkamer met erboven de slaapkamer. Beide kamers zijn volledig los van elkaar gebouwd, maar zijn goed met elkaar verbonden. Anne ontwierp ook een glazen 'zonnehut' naast het dakraam, wat haar huis helemaal 'af' maakt. Op de begane grond tenslotte bevinden zich de keuken en de woonkamer.

Anne beschikt slechts over een paar meubelstukken. De meeste daarvan maakte ze zelf van tweedehands meubilair en materialen uit de voormalige fabriek. Het geheel is dan ook volledig in harmonie met de ouderwetse stijl van het gebouw.

◀

015

十五

▲ The secondhand furniture is a reflection of the original environment.
Les meubles d'occasion reflètent le cadre original.
Het tweedehands meubilair is een weerspiegeling van de oorspronkelijke omgeving.

▲ A corner of the working area.
Un coin de l'espace de travail.
Een hoek van de werkplek.

The interlayer on one end separates the dining area and the working area. ▲
D'un côté, la mezzanine sépare la salle à manger de l'espace de travail.
Door de entresol zijn de werkplek en de eetkamer van elkaar gescheiden.

▲ The blue cabinets add a touch of colour to the grey interior.
Les armoires bleues ajoutent une touche de couleur à l'intérieur gris.
De blauwe keukenkastjes geven het overwegend grijze interieur wat meer kleur.

Outside the bedroom, the hostess built a glass hut on the platform. ▲
À l'extérieur de la chambre, Anne a construit une verrière sur la plate-forme.
Anne bouwde net buiten de slaapkamer haar 'zonnehut'.

▲ An overview of the loft.
Une vue d'ensemble du loft.
Een overzicht van de loft.

The kitchen area. ▲
L'espace cuisine.
De keuken.

1+1=2

PHOTOGRAPHY : SUN XIANGYU
DESIGNER : HUANG RUI
LOCATION : CHAOYANGQU, BEIJING

▶

Like many of the artists in this book, Huang Rui also made his home and studio in the old workshop of 798 in Beijing. "I love the old workshop and its structure," he explains his choice. Naming his loft 1+1=2, he agrees that while it is a good idea to build a house from scratch and design it by one's self, it works just as well if one finds an old building and restores it. This is due to the character of the building: its rich history, the original design and structure, the slogans of the Cultural Revolution, etc.

The original workshop in a typical Bauhaus style industrial building was designed by East German architects in the '50s. It is a work of art with an integral layout from the external environment to the interior structure. Huang Rui even thinks that "any change will do harm to the original charm of the workshop". As a result, only minimal changes were made to the original building and he topped off his 1+1=2 creation by adding minimal decorations too.

In the original workshop, there is a steel-structure platform that is now his bedroom. The second floor just opposite it is used as his studio. One of the changes he made was to add a space in the northern part of the workshop, which is used as a tea room for his wife as she loves the intricate tea ceremony. Almost everything here is closely connected to the old factory and is harmonious with the architecture: the old machine at the door, the stone mill beside the stairs, the white wood pew, etc.

Comme beaucoup d'artistes dans ce livre, Huang Rui a également installé sa maison et son studio dans un vieil atelier de 798 à Pékin. « J'aime l'ancien atelier et sa structure », dit-il pour expliquer son choix. En baptisant l'endroit 1+1=2, il reconnaît que s'il est vrai que c'est une bonne idée de construire une maison de A à Z et de la concevoir soi-même, ça marche tout aussi bien si on trouve un ancien bâtiment et qu'on le restaure. Tout ceci dépend du caractère du bâtiment : son riche passé, le design et la structure du bâtiment, les slogans de la Révolution culturelle, etc.

L'ancien atelier, un bâtiment industriel typiquement inspiré du style Bauhaus, a été conçu par des architectes d'Allemagne de l'Est dans les années 50. C'est une oeuvre d'art avec un aménagement intégral, du cadre extérieur à la structure intérieure. Huang Rui est d'ailleurs d'avis que « n'importe quel changement nuirait au charme originel de l'atelier ». Ainsi, très peu de changements ont été apportés à l'ancien bâtiment et il a parachevé sa création 1+1=2 en ajoutant des décorations elles aussi minimales.

La structure en acier de la mezzanine de l'ancien atelier est désormais sa chambre. Juste en face, il a installé son studio. Un des changements réalisés concerne l'ajout d'un espace supplémentaire dans la partie nord de l'atelier, qui est utilisé comme salon pour le thé par sa femme qui aime célébrer la subtile cérémonie du thé. Quasiment tout ici est étroitement lié à l'ancienne usine et se fond avec l'architecture : la vieille machine près de la porte, la meule à côté de l'escalier, le banc en bois blanc, etc.

Zoals veel kunstenaars in dit boek bouwde ook Huang Rui zijn huis en atelier in de oude fabriekshal op nummer 798 in Peking. "Ik houd van deze oude hal en zijn bouw", legt hij zijn keuze uit. Hij noemde zijn loft 1+1=2, waarmee hij wil zeggen dat, hoewel het heel leuk is om zelf een huis te ontwerpen en te bouwen, het minstens zo veel voldoening geeft om een bestaand gebouw op te knappen. Dit heeft te maken met het karakter van het gebouw: de rijke geschiedenis, de originele bouwstijl, de leuzen van de Culturele Revolutie, enz.

Deze voormalige werkplaats stamt uit de jaren '50 en werd ontworpen door Oost-Duitse architecten in de typische Bauhaus-stijl. Het gebouw is een kunstwerk op zich, waarin alles – van de buiten- tot de binnenkant –volledig met elkaar in harmonie is. Huang Rui is zelfs van mening dat "elke verandering afbreuk doet aan de oorspronkelijke charme van het gebouw". Hij bracht slechts enkele veranderingen aan en richtte de ruimte minimaal in.

Het originele stalen platform veranderde hij in een slaapkamer. Op de tweede verdieping er precies tegenover richtte hij zijn atelier in. In het noordelijke deel van de werkplaats bouwde hij een extra kamer die gebruikt wordt als theesalon: zijn vrouw is dol op de ingewikkelde theeceremonie. Bijna alles hier is nauw verbonden met de oude werkplaats: de oude machine bij de deur, de stenen molen naast de trap, de witte houten stoel, enz.

◀

十六

016

▲ The original rough workshop becomes a comfortable home after some planning.
L'ancien atelier âpre devient une maison confortable après quelques aménagements.
De voormalige onbewerkte fabriekshal wordt met een goed plan veranderd in een comfortabel woonhuis.

The tea room in a Japanese style is designed for the owner's wife who loves the tea ceremony. ▲
Le salon pour le thé, inspiré d'un style japonais, aménagé pour la femme du propriétaire qui aime la cérémonie du thé.
De theesalon in Japanse stijl werd speciaal ontworpen voor de vrouw des huizes, die dol is op de theeceremonie.

A corner of the studio. ▲
Un coin du studio.
Een hoek van het atelier.

▲ The simple but unique dining room.　La salle à manger, simple mais unique.　De eenvoudige maar unieke eetkamer.

▲ The light in the room changes from time to time through the round hole in the ceiling of the bedroom.
La lumière qui passe par la lucarne de la chambre change de temps en temps.
Het licht dat door het ronde gat in het plafond van de slaapkamer naar binnenstroomt, verandert in de loop van de dag.

The space is rich in layers although it is not so big. ▲
L'espace, bien qu'il ne soit pas très grand, comporte plusieurs étages.
De ruimte is niet ontzettend groot, maar heeft wel veel woonlagen.

4M INTERIOR DESIGN STUDIO

PHOTOGRAPHY : SUN XIANGYU
DESIGNERS : SU DAN, CUI XIAOSHENG, YANG DONGJIANG AND YU LIZHAN
DESIGN FIRM : 4M INTERIOR DESIGN STUDIO
LOCATION : CHAOYANGOU, BEIJING

▶

4M or 4-MEN, made up of four young teachers from the Academy of Art & Design at Tsinghua University, is an interior design company located on the first floor of 706 Dashanzi in Beijing. Before reconstruction, this place was the gateway to the backyard and a clinic. However, the interior space was rather fragmentary and small. Also, there were only three east-west partitions and as a result, only three rooms facing the south had enough daylight streaming in.

Although it was not the ideal place, the designers felt there was something for them to work on. On one side of the loft, they created a space between two floor slabs and on the other, the three partitions divided the 14-metre wide space into four parts, which although seemed rather narrow, it was something people living in big cities could adapt to very well.

The emphasis of their reconstruction was placed on the lighting. The designers did not choose fashionable lamps because of the high prices, nor did they use the common invisible lighting sources that will cause enormous lighting wastage and add to the operational costs. Instead they chose a kind of ordinary incandescent lamp frequently used in the '80s, which complements the environment of the old factory and creates a mood of nostalgia. Apart from this, they also used some energy-saving lights. Although some people may feel a bit uncomfortable under this kind of cold lighting, the alteration between warm and cold light is rather effective in creating space sequences.

4M ou 4-MEN, composée de quatre jeunes professeurs de l'Académie d'art et design de l'université Tsinghua, est une agence d'architecture intérieure installé au rez-de-chaussée du bâtiment 706 Dashanzi à Pékin. Avant sa reconstruction, cet endroit était la passerelle qui menait à une arrière-cour et à une clinique. L'intérieur était toutefois assez fragmenté et petit. De plus, il n'y avait que trois cloisons est-ouest et par conséquent, seules trois pièces orientées au sud avaient suffisamment de lumière du jour.

Et bien que ce n'était a priori pas l'endroit idéal, les designers ont senti qu'ils pourraient en faire quelque chose. D'un côté du loft, ils ont créé une mezzanine entre deux planchers et de l'autre côté, l'espace de 14 mètres carrés divisé en quatre pièces qui bien qu'assez étroites, pouvaient convenir à des gens habitués à vivre dans des grandes villes.

Pour leur projet, ils ont choisi de mettre l'accent sur l'éclairage. Les designers n'ont pas opté pour des lampes modernes, très chères, ils n'ont pas non plus utilisé de sources de lumière invisibles, assez répandues, mais qui entraînent un énorme gaspillage d'électricité et augmentent les coûts d'exploitation. Au lieu de ça, ils ont choisi une sorte de lampe incandescente fréquemment utilisée dans les années 80, qui renforce le style de l'ancienne usine et crée une ambiance empreinte de nostalgie. Pas ailleurs, ils ont également utilisé des lampes à économie d'énergie. D'aucuns se sentiront peut-être un peu mal à l'aise sous ce genre de lumière froide, mais le contraste chaud-froid est plutôt efficace pour créer un enchaînement des espaces.

4M of 4-MEN bestaat uit vier jonge leraren die verbonden zijn aan de Kunst & Ontwerp Academie van de Tsinghua Universiteit. 4M is een bureau dat zich bezighoudt met binnenhuisarchitectuur en is gevestigd op de begane grond van 706 Dashanzi, Peking. Voor de verbouwing fungeerde deze ruimte als doorgang naar een achtertuin en een kliniek. De oorspronkelijke ruimte was vrij klein en was bovendien in stukjes opgedeeld. Er stonden drie tussenmuren opgesteld in oostwestelijke richting, waardoor slechts drie kamers over voldoende daglicht beschikten. Hoewel dit niet de meest ideale plek was, zagen de ontwerpers toch volop mogelijkheden. Aan een kant van de loft creëerden ze een entresol en aan de andere kant maakten ze optimaal gebruik van de veertien meter brede ruimte, die door de drie muren in vier kamers wordt verdeeld – stadsmensen zijn wel wat gewend…

De vier jonge ontwerpers legden de nadruk op de verlichting. Ze kozen niet voor modieuze lampen – vanwege de hoge kosten die dat met zich meebrengt –, maar voor een doodgewone gloeilamp die in de jaren '80 ook veel werd gebruikt. De lamp is goed op zijn plaats in dit oude fabrieksgebouw en creëert een nostalgische uitstraling. Ook gebruikten ze nog enkele energiezuinige lampen. Misschien voelt niet iedereen zich op zijn gemak bij een dergelijk koud licht, toch is de afwisseling tussen warm en koud licht zeer effectief bij het creëren van afwisseling in de ruimten.

◀

017

十七

清华工美环境艺术设计所4M空间设计组
北京艺清源环境艺术设计机构
4M Group Environmental Art Design Institute of Beijing Tsinghua Gongmei
Bei Jing Yi Qing Yuan Interior and Landscape Architecture Design Institute

▲ The black iron gratings add to the industrial style of the interior.
Les armatures en fer noires renforcent le style industriel de l'intérieur.
Het zwarte stalen tralliewerk draagt bij aan de industriële stijl van het interieur.

The ornamental wooden boards on the wall also serve as memo boards. ▲
Sur le mur, les panneaux décoratifs font également office de pense-bête.
De decoratieve houten planken aan de muur fungeren ook als memobord.

▲ The wooden components on the cabinet along the doorway serve as handles.
Les formes en bois sur l'armoire du couloir servent de poignées.
De houten onderdelen op het kabinet naast de deuropening doen ook dienst als handvat.

The designers made full use the 4-storey height to design an interlayer to create space sequences. ▲
Les designers ont entièrement utilisé la hauteur correspondant à quatre étages pour concevoir une mezzanine et enchaîner les différents espaces.
De ontwerpers maakten volop gebruik van de enorme hoogte en ontwierpen een entresol om zo meer ruimte te winnen.

▲ Bare lighbulbs are used so that the lighting is kept plain and natural.
Des ampoules à nu sont utilisées, pour un éclairage explicite et naturel.
Er werd gekozen voor gloeilampen, die de ruimten op een eenvoudige en natuurlijke manier verlichten.

The door curtain made of iron chains found in the meeting room matches the black iron gratings. ▲
Le rideau en chaînes de fer qui sépare la salle de réunion rappelle les armatures en fer noires.
Het gordijn van ijzeren kettingen – die in de vergaderzaal werden gevonden – past goed bij het zwarte traliewerk.

A TOUCH OF BRIGHTNESS

PHOTOGRAPHY · SUN XIANGYU
DESIGNER · LIN JING
LOCATION · CHAOYANGOU, BEIJING

▶

After studying painting, sculpting and mural painting in Europe, Lin Jing delved into art design upon her return to China. She is one of the first artists to live in an old factory made of steel and concrete in Dashanzi. For Lin Jing, the main attraction of the factory was its tall and spacious area, which would be helpful in the production of her work. Nonetheless, she did not like the cool and industrial atmosphere of the factory as she wanted her home to be warm and comfortable.

The original factory building spans nearly 300 square metres and is almost 5 metres tall. A dozen big windows found on the wall facing south afford the area a good amount of light. During the process of reconstruction and decoration of the factory, Lin Jing tried her best to retain the original style of the building, only adding in elements to make the place more comfortable. In this manner, the interior atmosphere is in sync with its exterior look. According to Lin Jing, "If I decorate such a big space in a complicated manner, it would make one feel tired visually. Therefore, I adopted the simplest design style. The huge shared space is divided into several areas by furniture. Each area has its own style, either quiet and suitable for entertainment or comfortable and suitable for people to relax."

In order to make her home more cosy, Lin Jing made ingenious use of colours with a sense of artistic romance. With colourful folding screens, curtains, lamps, posters and various kinds of chairs and stools that she personally designed, Lin Jing's creations have made her cool loft warmer and brighter.

Après avoir étudié la peinture, la sculpture et la peinture murale en Europe, Lin Jing s'est intéressée au design artistique dès son retour en Chine. Elle fait partie des premiers artistes à s'installer dans une ancienne usine d'acier et de béton de Dashanzi. Pour Lin Jing, le principal attrait de l'usine était l'espace haut et vaste, qui lui permettrait de bien travailler. Cependant, elle n'aimait pas l'ambiance froide et industrielle qui y régnait et voulait faire de sa maison un endroit chaleureux et confortable.

Le bâtiment original s'étend sur près de 300 mètres carrés et ses plafonds sont hauts de 5 mètres. La douzaine de grandes fenêtres du mur sud confèrent à l'espace suffisamment de lumière. Lors du processus de reconstruction et de décoration, Lin Jin s'est évertuée à conserver le style original en ajoutant simplement certains éléments pour rendre l'endroit plus confortable. Ainsi, l'ambiance à l'intérieure est en harmonie avec l'apparence extérieure. D'après Lin Jing, « Décorer un endroit aussi vaste de façon complexe risque d'entraîner une certaine lassitude visuelle. J'ai donc adopté le style le plus simple possible. Le grand espace est divisé en plusieurs zones par des meubles. Chaque zone a son propre style, calme et propice au divertissement ou confortable et propice à la détente. »

Pour que sa maison soit plus cosy, Lin Jing a utilisé les couleurs avec un sens certain de romance artistique. Paravents colorés, rideaux, lampes, posters, chaises et tabourets de différents styles qu'elle a elle-même créés, font de son sympathique loft un endroit plus chaud et plus clair.

Na een verblijf in Europa waar Lin Ying onder meer de schilderkunst, beeldhouwkunst en muurschilderkunst bestudeerde, keerde ze terug naar China waar ze zich stortte op de toegepaste kunst. Lin Ying was een van de eerste kunstenaars die besloot om in een oude fabriek van staal en beton te gaan wonen. De hoogte en de ruimte – heel belangrijk voor Lin Yings werk – vormden de grootste aantrekkingskracht van het gebouw. De koele, industriële uitstraling sprak haar echter niet zo aan, omdat ze van een warm en comfortabel huis houdt.

Het fabrieksgebouw heeft een woonoppervlak van driehonderd vierkante meter en is bijna vijf meter hoog. Een twaalftal grote ramen zorgen voor ruim voldoende licht. Tijdens de verbouwing en inrichting deed Lin Ying haar best om de oorspronkelijke stijl van het gebouw zoveel mogelijk te handhaven. Ze voegde alleen hier en daar wat nieuwe elementen toe om het geheel wat comfortabeler te maken. Op deze manier is de binnenkant volledig in harmonie met de buitenkant. "Als ik zo'n grote ruimte op een ingewikkelde manier zou inrichten, zou je er alleen al door ernaar te kijken doodmoe van worden. Ik besloot dan ook om een eenvoudige ontwerpstijl te hanteren. De enorme gemeenschappelijke ruimte is met schermen, planten en meubilair onderverdeeld in een reeks kleine ruimten met elk een eigen stijl. Zo is de ene ruimte geschikt voor het houden van een feestje en nodigt een andere uit tot ontspannen", aldus Lin Ying.

Ze heeft ook nog eens veel gevoel voor kleur en met de kleurige schermen, gordijnen, lampen en verschillende soorten stoelen en krukken – die ze zelf ontwierp – maakte ze haar coole loft warmer en helderder.

◀

018

十八

▲ The owner charms her guests with furniture designed by herself.
L'hôte charme ses invités avec des meubles qu'elle a créés.
De eigenaar verrast haar gasten met door haar zelf ontworpen meubilair.

▲ The loft's music corner is furbished in a simple and modern style.
Le coin musique est aménagé dans un style simple et moderne.
De muziekhoek is op een eenvoudige, moderne manier ingericht.

▲ The dining area.
La salle à manger.
Het eetgedeelte.

Brightly-coloured furniture designed by the owner adds considerable lustre to her home. ▲
Le mobilier lustré créé par Jin Ling ajoute de l'éclat à sa maison.
Het helder gekleurde meubilair, door Lin Ying zelf ontworpen, geeft haar huis nog eens extra glans.

▲ The entire space is in a perfect order that is separated by curtains, screens, plants and furniture.
Tout l'espace suit un enchaînement impeccable avec les rideaux, les paravents, les plantes et le mobilier qui le divisent.
De grote ruimte is onderverdeeld in een reeks kleine ruimten, die van elkaar gescheiden zijn door schermen, planten, gordijnen en meubilair.

The comfortable bedchamber with warm, soft veiling and carpet. ▲
Le chambre à coucher avec un voilage et des tapis douillets et chaleureux.
De comfortabele slaapkamer met warme, zachte kleden.

RECREATION CENTRE

PHOTOGRAPHY : GUO SHI
DESIGNER : YANG XIAOPING
DESIGN FIRM : YANG XIAOPING DESIGN STUDIO
LOCATION : CHAOYANGQU, BEIJING

▶

Austrian Johannes Neubacher and his friend, Charley Kan, finally decided to make the recreation centre of a factory their home in Beijing after searching for a long time. The original two-storey building features an area of almost 300 square metres, with a height of over 4 metres. In short, the general layout was just right. They did not make much changes to the original arrangement. On the contrary, they kept the original industrial style stairs, central heating, wall lamps popular in the '60s and '70s, a wall of diplomas and a lot of old-fashioned office furniture, thus keeping the original style to the maximum.

They made the first floor a multimedia room while the second floor houses the bedroom and bathroom, where they had made the most effort when redecorating. The bedroom is separated from the bathroom by a curtain wall made of steel framework and silver aluminum covering. The washstand is made of steel framework and glass, indicating a rough virile style. To one's surprise, the bedroom on the other side of the curtain wall is quite sweet and romantic. The floor curtain is made of gray, brown and purple fabrics, which makes the bedroom gentle and lovely. When night falls, silver moonlight is cast through the skylight over the bed.

A set of arc-shaped sofas designed by Yang Xiaoping that can be combined in different ways is put in the centre of this space. Seen from far away, they look like a couple of steel frameworks randomly placed as a set of abstract sculptures that adds an artistic touch to the décor of the building.

L'autrichien Johannes Neubacher et son ami, Charley Kan, ont finalement décidé d'élire domicile dans l'ancien centre de loisirs d'une usine de Pékin, après bien des recherches. La bâtiment original à deux étages s'étend sur près de 300 mètres carrés et ses plafonds sont hauts de 4 mètres. En deux mots, l'espace est parfait. Il n'ont pas apporté beaucoup de changements à la disposition originale. Bien au contraire. Ils ont conservé les anciens escaliers de style industriel, le chauffage central, les appliques populaires dans les années 60 et 70, un mur de diplômes et beaucoup de meubles rétro, préservant ainsi au maximum l'allure originale.

Le rez-de-chaussée est une salle multimédia tandis que l'étage, où l'effort de décoration a été le plus significatif, abrite la chambre et la salle de bains. La chambre est séparée de la salle de bains par une cloison fabriquée à partir d'un cadre en acier et d'un habillage en aluminium argenté. La lavabo est en acier et en verre, dans un style brut et virile. Étonnamment, la chambre qui se trouve derrière la cloison est plutôt douce et romantique. Les rideaux sont dans des tons gris, marron et violet et rendent la chambre apaisante et délicate. Lorsque la nuit tombe, la lune argentée passe par la tabatière au-dessus du lit.

L'ensemble de canapés convexes créés par Yang Xiaoping pouvant être disposé au gré des envies est installé au milieu de l'espace. Vus de loin, ces canapés ressemblent à une paire de structures d'acier placées au hasard telles des sculptures abstraites et apportent une touche artistique au décor du bâtiment.

De Oostenrijkse Johannes Neubacher en zijn vriend Charley Kan besloten na lang zoeken om de recreatieruimte van een fabriek in Peking tot woonhuis om te bouwen. Het gebouw heeft twee woonlagen, een woonoppervlak van bijna driehonderd vierkante meter en is meer dan vier meter hoog. Kortom, de perfecte plek. Ze brachten dan ook niet veel veranderingen aan, maar behielden veel oorspronkelijke elementen, zoals de originele industrieel vormgegeven trappen, de centrale verwarming, de muurlampen – die populair waren in de jaren '60 en '70 –, een muur vol diploma's en een hoop ouderwets kantoormeubilair.

De begane grond werd omgedoopt tot multimediaruimte. Op de eerste verdieping werden een slaapkamer en een badkamer gebouwd, die met veel zorg werden ingericht. De slaapkamer is van de badkamer gescheiden door een stalen gordijn bedekt met aluminium. De wastafel is gemaakt van glas en staal, en heeft een krachtige uitstraling. Tot ieders verbazing ziet de slaapkamer er – aan de andere kant van het gordijn – bijna romantisch uit. De kleuren die hier overheersen zijn grijs, bruin en paars, wat de kamer er lieflijk doet uitzien. 's Avonds schijnt het zilveren maanlicht hier door het dakraam precies op het bed.

Enkele boogvormige sofa's – ontworpen door Yang Xiaoping –, die op verschillende manieren met elkaar kunnen worden gecombineerd, domineren de centrale ruimte. Van veraf zien ze eruit als stalen geraamten, die op een willekeurige manier zijn neergezet als abstracte beeldhouwwerken, wat het geheel een artistieke sfeer geeft.

◀

019

十九

▲ The recreation centre of old now becomes a haven for parties.
Le centre de loisirs d'antan est aujourd'hui un havre pour passer des soirées entre amis.
Deze oude recreatieruimte is de ideale plek voor een feestje.

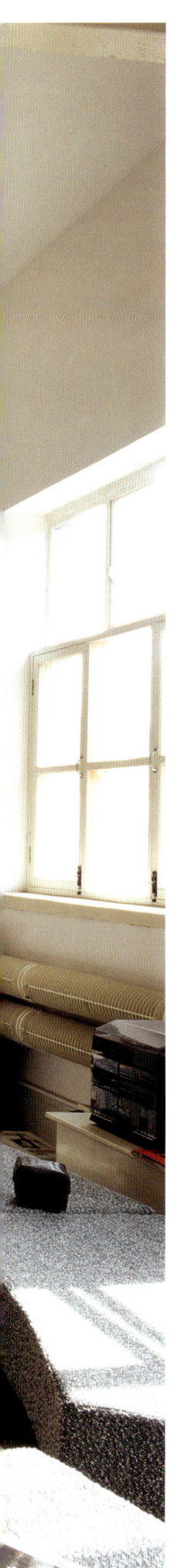

The steel gate looks simple and unadorned, which complements the original industrial style. ▲
La porte en acier, simple et dénudée, renforce le style industriel d'origine.
De stalen toegangsdeur ziet er eenvoudig en zonder opsmuk uit, en past hierdoor goed bij de oorspronkelijke, industriële stijl.

A corner of the eating area. ▲
Un coin de la salle à manger.
Een hoek van de eetkamer.

▲ The designers made full use of the old furniture from the original workshop.
Les designers ont réutilisé tous les meubles du vieil atelier.
De ontwerpers maakten volop gebruik van het oude meubilair uit de voormalige werkplaats.

The cold metallic partition is in harmony with the comfortable bedspread. ▲
La cloison métallique et froide est en harmonie avec le couvre-lit douillet.
De koude metalen scheidswand is volledig in harmonie met de comfortabel uitziende bedsprei.

The washroom behind the metallic partition in a very good condition. ▲
Derrière la cloison métallique, la salle de bains est impeccable.
De badkamer, achter de metalen scheidsmuur, bevindt zich in zeer goede staat.

GALLERIA CONTINUA

PHOTOGRAPHY : SUN XIANGYU
DESIGNER : HUANG RUI
DESIGN FIRM : HUANG RUI'S DESIGN STUDIO
LOCATION : CHAOYANGQU, BEIJING

▶

The headquarters of Galleria Continua is in the ancient Italian city of San Gimignano. Lorenzo Fiaschi, one of the founders of the gallery, said that their foundation of the gallery "is just like Mao Zedong's military strategy of countryside before cities, because San Gimignano is a small city. But after years of persistence, our gallery has become an international artistic space, the influence of which is nothing less than that of big galleries in Milan and Rome. And now, we have come to Beijing."

After attending the first China International Gallery Exposition in 2004, they made a practical survey of the artistic scene in Beijing and found a city full of creativity. As a result, they decided to set up a branch of their gallery in Beijing. They chose the Dashanzi zone - a place with the most artistic creativity - to open a new space, marking a milestone in the history of their gallery. "At present, through our gallery, we bring international artists into China and will bring Chinese artists into the world, thus promoting the cultural exchange, " Lorenzo explains.

The new galley is located in Factory 798, with a total area of 1,000 square metres and a height of 13 metres, where big-scale artistic exhibitions can be held. In Factory 798, the workshop with a slant on one side and an arch on the other side has become the symbol of the Dashanzi zone. But the new gallery is different from that kind of workshop. It is a typical and more common workshop with slants on both sides and two rows of huge skylights at the top. The designer keeps the basic structure of the workshop and only separates it with white walls and partitions for the convenience of artistic exhibitions displayed against the concrete girders and brick walls.

Le siège de la Galleria Continua est installé dans la ville italienne antique de San Gimignano. Lorenzo Fiaschi, un des fondateurs de la galerie, affirme que pour arriver à leurs fins ils ont suivi « la stratégie militaire de Mao Zedong qui consiste à commencer par la campagne avant de s'attaquer aux villes, car San Gimignano est une petite ville. Mais après des années de persévérance, notre galerie est devenue un espace artistique international, dont l'influence égale celle des grandes galeries de Milan et de Rome. Et maintenant, nous sommes à Pékin. »

Après avoir assisté à la première Exposition internationale des galeries d'art (CIGE) en Chine en 2004, ils ont mené une enquête pratique sur la scène artistique pékinoise et ont trouvé une ville pleine de créativité. Suite à cette enquête, ils ont décider d'y installer une branche de leur galerie. Ils ont alors choisi la zone de Dashanzi, où la créativité artistique est intense, pour ouvrir un nouvel espace, posant ainsi un jalon dans l'histoire de leur galerie. « Aujourd'hui, par le biais de notre galerie, nous faisons venir en Chine des artistes du monde entier et vice-versa, et promouvons ainsi les échanges culturels, » explique Lorenzo.

La nouvelle galerie est installée dans l'usine Factory 798 et s'étend sur 1000 mètres carrés. Les plafonds sont hauts de treize mètres et des expositions artistiques de grande envergure peuvent être organisées. À Factory 798, les ateliers avec une pente d'un côté et un arc de l'autre sont devenus l'emblème du quartier de Dashanzi. Mais la nouvelle galerie est différente. C'est un atelier typique avec des pentes des deux côtés et deux rangées d'immenses tabatières au sommet. Le designer a conservé la structure de base et s'est contenté d'ajouter des murs et des cloisons blanches pour appuyer les oeuvres d'art exposées sur les murs en brique et les poutres en béton.

Het hoofdkantoor van Galleria Continua bevindt zich in de oude Italiaanse stad San Gimignano. Lorenzo Fiaschi, een van de oprichters, vertelde dat de opzet van de galerie "een beetje leek op Mao Zedongs militaire strategie van 'platteland boven stad', omdat San Gimignano ook een klein stadje is. Maar na jaren van hard werken, werd onze galerie een plek met internationale uitstraling en nu kunnen we ons meten met grote galerieën in Milaan en Rome… en zitten we in Peking."

Tijdens een bezoek aan de eerste China International Gallery Exposition in 2004 onderzochten de Italianen de artistieke scene in Peking en troffen een stad vol creativiteit aan. Ze besloten dan ook om hier een galerie op te zetten. De opening in Dashanzi – de kunstenaarswijk van Peking – van een nieuwe galerie betekende een mijlpaal in de geschiedenis van Galleria Continua. "Onze galerie introduceert internationale kunstenaars in China en brengt Chinese kunstenaars in aanraking met de rest van de wereld – een mooi voorbeeld van culturele uitwisseling", legt Lorenzo uit.

De nieuwe galerie is gevestigd in Factory 798. Het pand heeft een oppervlakte van duizend vierkante meter en is dertien meter hoog, wat ideaal is voor het houden van grote exposities. Factory 798 – met één schuine wand en een booggewelf aan de andere kant – is inmiddels uitgegroeid tot hét symbool van Dashanzi. De ruimte waar de galerie gehuisvest is, ziet er weer heel anders uit: een typische, gewone fabriekshal met twee schuine wanden en bovenin twee rijen enorme dakramen. De ontwerper hield vast aan de oorspronkelijke structuur van het gebouw en deelde de ruimte alleen op met een aantal witte scheidingswanden, waarop werk geëxposeerd kan worden.

◀

020

二十

▲ An open space.
Un espace ouvert.
Een open ruimte.

A wall of red roses extends a warm welcome to visitors. ▲
Un mur de roses rouges souhaite une chaleureuse bienvenue aux visiteurs.
Een muur met rode rozen biedt de bezoeker een warm welkom.

▲ The entrance of the gallery.   L'entrée de la galerie.   De entree van de galerie.

▲ The dual beauty of the artistic works and the space strengthens each other.
La beauté duelle des oeuvres d'arts et de l'espace s'exaltent mutuellement.
De schoonheid van het gebouw en de kunst versterken elkaar.

A multitude of lights adds to the design. ▲
Une multitude de lampes magnifient le design.
De verlichting voegt een extra dimensie toe aan de ruimte.

AT CAFÉ

PHOTOGRAPHY : SUN XIANGYU
DESIGNER : HUANG RUI
LOCATION : CHAOYANGOU, BEIJING

▶

A writer once said, "If you come to visit me, I am either in a café or on the way to a café."

At café is a café located in 706 Dashanzi, Beijing. It is famous for its Western food menu, thus attracting many foreigners. The café was originally a two-storey office building and it retained the main structure of it. On the first floor, there is an open kitchen and bathroom. Customers can also enjoy their coffee here. The most extraordinary thing here is a red partition: the designers had thought of taking it down, but later decided to keep it. They only made big holes for people to pass through freely. This feature has since ended up as a trait of the café, as many people refer to the café as "the one with two holes" when they describe it.

The old slogans on Chairman Mao can still be seen there. In this way, they not only minimise the cost of decorating, but also make it more special by retaining the historical décor. The loft factor is apparent on the second floor where there is a big slanting window from which daylight streams through. On one side is the lounging area with big red sofas and on the other, there is a white eating area with a huge post of "Beijing Erguotou" opposite it. On the wall near the stairway there are slogans painted in red or black paint such as "Long life Chairman Mao", which is full of black humor.

This is a place where people can relax themselves – either in a café, or on the way to a café.

Un jour, un écrivain a dit : « Si vous venez me voir, je serai soit dans un café soit en route pour un café. »

At café se trouve à 706 Dashanzi, Pékin. Il est célèbre pour son menu occidental et attire donc de nombreux étrangers. Le café était jadis un immeuble de bureaux à deux étages et sa structure a été conservée en grande partie. Au rez-de-chaussée, il y a une cuisine ouverte et une salle de bains. Les clients peuvent également y prendre leur café. L'élément le plus extraordinaire est une cloison rouge : les designers ont d'abord pensé l'abattre mais ont finalement décidé de la garder. Ils y ont fait de grands trous pour que les gens puissent passer au travers. Cette particularité est depuis devenue la marque de distinction du café puisque les gens s'y réfèrent en parlant du « café avec les deux trous ».

Les vieux slogans sur le Président Mao sont toujours là. Ils ne servent pas seulement à réduire les coûts de décoration, mais font de ce café un endroit spécial en préservant le décor historique. Le côté loft est visible à l'étage où une grande baie vitrée oblique laisse pénétrer les rayons du soleil. D'un côté, l'espace salon est meublé de grands canapés rouges et de l'autre, un coin repas blanc est décoré avec une grande affiche de « Beijing Erguotou ». Le mur près de l'escalier arbore des slogans peints en rouges ou en noir comme « Longue vie à toi Président Mao », débordant d'humour noir.

C'est un endroit où les gens peuvent se détendre ; dans un café ou sur le chemin qui les y mène...

Een schrijver zei ooit: "Als je me komt opzoeken, ben ik óf in het café óf op weg ernaartoe."

At Café bevindt zich in 706 Dashanzi, Peking. Het café staat bekend om zijn westerse menukaart en trekt dan ook veel buitenlanders aan. At Café is gevestigd in een voormalig kantoorgebouw, waarvan de oorspronkelijke structuur nog steeds zichtbaar is. Op de begane grond bevinden zich een open keuken en een toiletruimte. Gasten kunnen hier ook genieten van een kopje koffie. Opvallend is hier de rode bakstenen tussenmuur: de ontwerper dacht er eerst over om de muur te verwijderen, maar besloot hem toch te behouden. Wel werden er een aantal gaten in gemaakt, zodat je je vrijelijk van de ene naar de andere ruimte kunt bewegen. Mensen spreken sindsdien over het café "met de twee gaten". De oude leuzen van Voorzitter Mao zijn nog steeds zichtbaar op de muren. Op deze manier werd niet alleen op kosten bezuinigd voor de inrichting, maar bleef ook een deel van de geschiedenis van het gebouw bewaard. Op de eerste verdieping is het loft-idee goed zichtbaar. De prachtige, hoge ramen laten veel daglicht door. De ruimte is opgedeeld in een loungegedeelte met grote rode banken en een eetzaal waar de kleur wit overheerst. Aan de wand prijkt een grote poster van 'Beijing Erguotou' (een Chinese alcoholische drank). Op de muur naast de trap zijn leuzen in rood en zwart geschilderd als 'Lang leve Voorzitter Mao', die doordrenkt zijn van zwarte humor.

Dit is een plek waar mensen zich kunnen ontspannen – in het café of op weg ernaartoe.

◀

021

二十一

▲ The exterior of the café.   Le café vu de l'extérieur.   De buitenkant van het café.

▲ The open kitchen on the 1st floor. Black pipelines, incandescent lamps, red brick walls and concrete floor add to the industrial style of the cafe.
La cuisine ouverte au rez-de-chaussée. Tuyaux noirs, lampes incandescentes, murs de brique rouge et sol en béton renforcent le style industriel du café.
De open keuken op de begane grond. De zwarte pijpleidingen, gloeilampen, rode bakstenen muren en betonnen vloer dragen allemaal bij aan de industriële sfeer van het café.

A long trunk is used as a bench. ▲
Un long tronc fait office de banc.
Een lange boomstam wordt gebruikt als bank.

▲ The partition on the 1st floor is made of red bricks.
Le mur de séparation du rez-de-chaussée est en brique rouge.
De tussenmuur op de begane grond is gemaakt van rode baksteen.

▲ The 2nd floor.   L'étage.   De eerste verdieping.

▲ The corner on the way up to the 2nd floor, which has been made into a lounging area.
Devant l'escalier qui mène à l'étage, un coin a été aménagé en salon.
De hoek bij de trap (op weg naar de eerste verdieping) is ingericht als een loungeruimte.

Most of the picure on the wall are posters about celebrities and performances held in the cafe. ▲
La plupart des affiches représentent des célébrités et évoquent les spectacles organisés au café.
De muren hangen hier vol met posters van beroemdheden en taferelen die zich in het café afspeelden.

▲ The red sofa forms a nice contrast against the white walls.
Le canapé rouge crée un contraste intéressant avec les murs blancs.
De rode sofa's vormen een mooi contrast met de witte muren.

SHANGRI-LA

PHOTOGRAPHY . GUO SHI
DESIGNER : MISS L.
LOCATION : CHAOYANGQU, BEIJING

▶

This home is located in the suburbs of Beijing where a lot of artists gather, making the area a renowned representation of loft culture in Beijing with its distinguished artistic style. The artists living here have given this place a beautiful name - Shangri-La.

The home features common characteristics of a loft: the brick walls are exposed, the girders are made of concrete, and the stairways and railings are made of steel. To soften the cold atmosphere, the ceiling joists are decorated with cord nets. Chinese style tables, chairs, long narrow tables and Buddha figures can be seen everywhere, all of which are complemented by lush green plants. With all these decorations, furniture and plants, the home is not as unadorned and simple as it was.

The two-storey loft is divided into four parts. The front part of the first floor is used to receive guests while the back one is used as the living room. The second floor is where the bedroom and home office are located.

The owner of the loft has a large collection of furniture and accessories: there are traditional Chinese furniture, paintings and cabinets that are juxtaposed with a simple iron sofa and tea table, which are industrialised and modern. It is really a feast for one's eyes. The piece de resistance is a set of equipment made of huge industrial gear wheels, which brings the whole place to life.

This space is rather spacious and the huge windows allow sunshine to pour in freely, making the room warmer and more comfortable.

Cette maison se situe dans une banlieue de la capitale chinoise où vivent beaucoup d'artistes et qui, avec son style artistique incomparable, est devenue représentative de la culture du loft à Pékin. Les artistes installés là-bas ont donné à ce quartier un bien joli nom : Shangri-La.

La maison englobe les caractéristiques typiques d'un loft : les murs de briques sont apparents, les poutres sont en béton et les escaliers et les rampes en acier. Pour adoucir l'atmosphère, les poutrelles du plafonds sont décorées avec des cordages. Tables, chaises, longues tables étroites de style chinois, Bouddhas, sont partout et se conjuguent avec des plantes vertes luxuriantes. Avec ces décorations, ces meubles et ces plantes, la maison n'est plus aussi dépouillée et simple qu'avant.

Le loft sur deux étages est divisé en quatre parties. La partie avant du rez-de-chaussée est utilisée pour accueillir les invités tandis que l'arrière fait office de salle de séjour. À l'étage, on trouve la chambre et le bureau.

Le propriétaire du loft possède une belle collection de meubles et d'accessoires : des meubles, des peintures et des armoires de tradition chinoise sont juxtaposés avec un simple canapé en fer et une table pour le thé, de style industriel et moderne. C'est un régal pour les yeux. Le plat de résistance est un ensemble d'équipements fabriqués à partir d'immenses engrenages industriels, qui donne vie à tout l'espace.

Cet espace est plutôt spacieux et les grandes fenêtres laissent pénétrer le soleil librement réchauffant l'ambiance et la rendant plus cosy.

Deze loft bevindt zich in een buitenwijk van Peking. De – voornamelijk – kunstenaars die hier leven, geven op hun eigen artistieke manier een geheel nieuwe invulling aan de loft-cultuur. Deze speciale plek kreeg een prachtige naam: Shangri-La.

Het pand beschikt over de typische kenmerken van een loft: stenen muren, betonnen steunbalken en stalen trappen en leuningen. Om de 'koude' sfeer enigszins te verzachten werden er netten over de dwarsbalken gespannen. Het hele pand staat vol met Chinese tafels, stoelen, lange smalle tafels, kunstvoorwerpen en Boeddhafiguren, en overal staan weelderig groene planten. Het geheel doet warm en comfortabel aan en van de eenvoudige, industriële uitstraling is weinig meer te bekennen.

De loft heeft twee woonlagen en is verdeeld in vier ruimten. De voorste ruimte op de begane grond wordt gebruikt als ontvangstkamer en de achterste als woonkamer. Op de eerste verdieping bevinden zich de slaapkamer en het kantoor.

De eigenaar van de loft heeft een enorme collectie meubelen en kunstvoorwerpen. Traditioneel Chinees meubilair, schilderijen en kabinetten staan gebroederlijk naast moderne meubelen als een industrieel vormgegeven ijzeren bank en een theetafel. Het is echt een feest om naar te kijken. Het pronkstuk wordt gevormd door een stuk gereedschap – enorme industriële tandwielen – dat de hele ruimte tot leven brengt.

Het pand is heerlijk ruim en de enorme ramen zorgen ervoor dat de kamers altijd baden in het zonlicht, wat het geheel een aangename, huiselijke uitstraling geeft.

二十二

022

▲ One can take in a bird's eye view of the original space from here.
De là, on a une vue plongeante sur l'espace original.
Van hieraf heb je een panoramisch uitzicht op de oorspronkelijke ruimte.

▲ The sketches on the wall are harmonious with the traditional furniture.
Sur le mur, les esquisses sont en harmonie avec le mobilier traditionnel.
De schetsen die de muur sieren, gaan goed samen met het traditionele meubilair.

▲ A corner of the loft that displays some of the owner's large collection of furniture and accessories.
Un coin du loft avec une partie de la vaste collection de meubles et d'accessoires du propriétaire.
Een hoek van de loft waar enkele voorwerpen uit de enorme collectie van de eigenaar staan opgesteld.

The big windows let in a lot of sunshine. ▲
Les grandes baies vitrées laissent entrer énormément de lumière.
De grote ramen laten veel zonneschijn binnen.

▲ A set of wheels adds a finishing touch to the room.
Les roues mettent la touche finale à la pièce.
De tandwielen vormen het pronkstuk van de ruimte.

The work area. ▲
L'espace de travail.
Het kantoor.

TASTE

▶

PHOTOGRAPHY : SUN XIANGYU
DESIGNER :SUI JIANGUO
DESIGN FIRM : ATELIER MIMA
LOCATION : XUANWUQU, BEIJING

Along with the rapidly developing Chinese economy, China's middle class and white collar workers now have greater expectations in their quality of life. The word 'taste' has become a buzzword in Chinese society, so it is not surprising that this real estate project has named itself TASTE and dressed up its sales office with extra style.

The sales office has been lauded as the "most unique artistic sales office". Its main structure is composed of steel sheets that are exposed so that people can see and feel the beauty of the material. The sales office is divided into two main areas, the ante hall and the back parlour. The back parlour comprises three floors: the first level is a garden; the second floor houses various art works; and the space on the top level has been turned into showrooms. The sales office has been carefully designed to be pleasing and lively so that visitors are reluctant to leave. The most impressive feature of the showroom is the zigzagging bridge hung from steel pipes that connects different parts of the building, enhancing the atmosphere of the sales office.

The developers and designers decided to incorporate the concept of "space experience" in the design of the sales office. Their rationale behind "space experience" is that a group of people have begun to pay more attention to the space outside the building when choosing an apartment, and not just merely the interior space of the apartment. The TASTE office has been designed to meet the demands of this special class through the inclusion of an outside visual space, a "communicating space" and the "space of taste". The outside visual space is the office's façade that is made up of argil bricks; the communicating space comprises four community gardens named harmony, clearness, peacefulness and quietness; and the space of taste is the interior space of the building, a combination of modern elements and traditional Chinese features.

Avec la croissance rapide de l'économie chinoise, la classe moyenne et les cols blancs ont revu à la hausse leurs attentes vis-à-vis de la qualité de vie. Le mot « goût » est désormais très en vogue dans la société chinoise et c'est sans surprise que ce projet immobilier a été baptisé TASTE, « goût » en anglais, et qu'il a fait de son agence commerciale un espace très tendance.

D'ailleurs, l'agence a été élue « l'agence la plus exceptionnelle du point de vue artistique ». Sa structure principale est constituée de tôles d'acier apparentes afin que l'on puisse voir et ressentir toute la beauté du matériau. L'agence est divisée en deux zones principales, le hall antérieur et le salon arrière. Ce dernier comprend trois niveaux : un rez-de-jardin, un premier étage où sont exposées plusieurs oeuvres d'art et un troisième espace transformé en salle d'exposition. L'agence a été conçue avec soin dans un souci d'esthétisme et de gaieté afin que les visiteurs aient envie d'y rester. La caractéristique la plus impressionnante de la salle d'exposition est le pont en zigzags suspendu à des tuyaux d'acier qui relie les différentes parties du bâtiment, exaltant l'ambiance qui règne au sein de l'agence.

Les promoteurs et les designers ont décidé d'intégrer le concept d'« expérience spatiale » au design de l'agence. Leur logique derrière cette « expérience spatiale » est que certaines personnes commencent à faire plus attention à l'extérieur lorsqu'ils choisissent un appartement et qu'ils ne se limitent plus à l'intérieur. L'agence TASTE a été conçue pour répondre aux attentes de cette catégorie de personnes en incorporant un espace visuel extérieur, un « espace de communication » et un « espace de goût ». L'espace visuel extérieur est la façade de l'agence, en briques d'argile, l'espace de communication abrite quatre jardins collectifs appelés Harmonie, Clarté, Paix et Silence, et pour finir, l'espace de goût est l'intérieur du bâtiment, une combinaison d'éléments modernes et de caractéristiques traditionnelles chinoises.

De snelgroeiende Chinese economie heeft ervoor gezorgd dat de Chinese middenklasse inmiddels veel hogere verwachtingen heeft van de kwaliteit van het leven. Het woord 'taste' is dan ook het parool geworden van de Chinese maatschappij. In deze context is het niet verwonderlijk dat dit pand TASTE werd genoemd en het verkoopkantoor extra smaakvol werd ingericht.

Het verkoopkantoor werd al eens geprezen als "het uniekste en meest artistieke verkoopkantoor". De structuur van het gebouw bestaat uit stalen platen die zichtbaar zijn voor de bezoekers, zodat ze de schoonheid van het materiaal kunnen zien en voelen. Het verkoopkantoor is verdeeld in twee grote ruimten: de voorhal en de achterruimte. De achterruimte bestaat uit drie lagen. Op de begane grond bevindt zich de tuin; op de eerste verdieping staan een aantal kunstwerken; en de ruimte op de tweede verdieping is verdeeld in enkele showrooms. Het verkoopkantoor werd met grote zorg ontworpen en heeft een prettige, levendige uitstraling, zodat de bezoekers met tegenzin het gebouw verlaten. Het meest indrukwekkende onderdeel van het gebouw is een zigzagbrug die bevestigd is aan stalen pijpen en die de verschillende ruimten van het gebouw met elkaar verbindt.

De projectontwikkelaars en ontwerpers besloten om het concept van ruimtebeleving op te nemen in het ontwerp van het verkoopkantoor. De grondgedachte achter deze ruimtebeleving is dat mensen vandaag de dag meer aandacht besteden aan de ruimte om hun huis of appartement heen -- en niet alleen interesse hebben voor de binnenkant. Het TASTE-kantoor werd speciaal ontworpen om aan de wensen van deze mensen tegemoet te komen door de aanleg van een visuele buitenruimte, een communicatieruimte en een proefruimte. De visuele buitenruimte is de gevel van het kantoor, die gemaakt is van baksteen; de communicatieruimte omvat vier gemeenschappelijke tuinen met prachtige namen als harmonie, zuiverheid, vrede en rust. De proefruimte tenslotte is de binnenkant van het gebouw, die een combinatie laat zien van moderne elementen en traditionele Chinese aspecten.

◀

二十三

023

▲ Façade of the sales office.
La façade de l'agence commerciale.
De gevel van het verkoopkantoor.

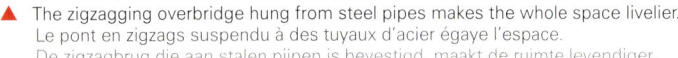

▲ The zigzagging overbridge hung from steel pipes makes the whole space livelier.
Le pont en zigzags suspendu à des tuyaux d'acier égaye l'espace.
De zigzagbrug die aan stalen pijpen is bevestigd, maakt de ruimte levendiger.

The second floor is an art gallery housing various artistic works. ▲
À l'étage, une galerie d'art abrite des oeuvres variées.
Op de eerste verdieping bevindt zich een kunstgalerie waar verschillende kunstwerken te bewonderen zijn.

▲ A view of the third floor.   Vue sur le deuxième étage.   Uitzicht op de tweede verdieping.

▲ The first floor is a garden filled with frolicking fishes and birds, flickering bamboo leaves and lovely flowers.
L'étage abrite un jardin avec des poissons et des oiseaux, des feuilles de bambou vacillantes et de jolies fleurs.
Op de begane grond bevindt zich de tuin, vol met kleurige vissen en fluitende vogels, wuivende bamboestruiken en prachtige bloemen.

There are various showrooms on the third floor. ▲
Il y a plusieurs expositions au deuxième étage.
Op de tweede verdieping zijn enkele showrooms ingericht.

798 PHOTO GALLERY

▶

798 Photo Gallery is the first professional photo gallery in China. It is also located in Dashanzi Art Zone, Beijing. It makes full use of the original workshop's structure and has become a space of modern art with its own simple style.

The original workshop is both high and spacious. The huge skylight slants northward so that it not only avoids the direct dazzling sunshine, but also allows in enough reflected light. The whole space itself is a natural art gallery. In view of the almost-perfect original environment, the designers only painted the walls and ceiling white, and installed new lights. This way, the interior space looks neat so that the visitors can focus their attention on the works on display.

The photo gallery is divided into three parts: the first and second floors are used as exhibition areas whereas on the third floor, there are two minimalist sofas for people to rest on. Near the door, there are a couple of bookshelves where various kinds of books on photography, picture albums and works on sale are on display for the visitors to choose from. Currently, it has become an important place for photographers and fans of photography to converge in and communicate with each other in Beijing.

798 Photo Gallery est la première galerie photographique professionnelle de Chine. Elle se situe également dans le quartier artistique de Pékin, Dashanzi. La galerie conserve la structure de l'atelier original et est devenue un espace d'art moderne avec son propre style, marqué par la simplicité.

L'ancien atelier est à la fois haut et vaste. La grande tabatière est inclinée vers le nord, ce qui permet non seulement d'éviter d'être aveuglé par les rayons du soleil mais aussi de laisser passer suffisamment de lumière réfléchie. L'espace tout entier est une galerie d'art naturel. Le cadre original étant proche de la perfection, les designers se sont contentés de peindre les murs et le plafond en blanc et d'installer de nouvelles lampes. Ainsi, l'intérieur est net et les visiteurs peuvent concentrer leur attention sur les oeuvres exposées.

La galerie photographique est divisée en trois parties : le rez-de-chaussée et le premier étage sont réservés aux expositions tandis qu'au deuxième étage, deux canapés minimalistes attendent les visiteurs qui souhaitent se reposer. Près de la porte, il y a deux étagères sur lesquelles différents ouvrages, albums photos et livres sur les oeuvres sont proposés aux visiteurs qui peuvent faire leur choix. Aujourd'hui, cet espace est un endroit clé de Pékin où photographes et amateurs de photographie convergent et communiquent.

798 Photo Gallery is de eerste professionele fotogalerie in China. De galerie bevindt zich in de Dashanzi Art Zone in Peking en is gevestigd in een oud fabrieksgebouw. De ontwerpers maakten dankbaar gebruik van de oorspronkelijke structuur van het oude gebouw, die een prachtig contrast vormt met de moderne kunst aan de muren.

Het gebouw is hoog en ruim. De enorme ramen aan de noordzijde lopen ietwat schuin af, waardoor het zonlicht niet direct naar binnen valt maar de ruimte toch gevuld is met voldoende weerkaatst licht. Het pand lijkt te zijn ontworpen als tentoonstellingsruimte. De ontwerpers hoefden dan ook alleen de muren en plafonds wit te verven en nieuwe verlichting te installeren. De ruimte ziet er verzorgd en neutraal uit, zodat de bezoekers niet worden afgeleid maar zich volledig op het geëxposeerde werk kunnen concentreren.

De fotogalerie heeft drie ruimten: de begane grond en de eerste verdieping fungeren als tentoonstellingsruimte en op de tweede verdieping kunnen de bezoekers zich even ontspannen op twee minimalistisch uitziende sofa's. Vlak naast de deur bij de ingang staan een paar boekenkasten met daarin de meest uiteenlopende boeken over fotografie. Ook staan hier fotoalbums en foto's uitgestald voor de verkoop. 798 Photo Gallery is inmiddels uitgegroeid tot een belangrijke plek, waar fotografen en fans van fotografie elkaar ontmoeten en ideeën uitwisselen.

◀

二十四

024

▲ The façade of the gallery.　La façade de la galerie.　De gevel van de fotogalerie.

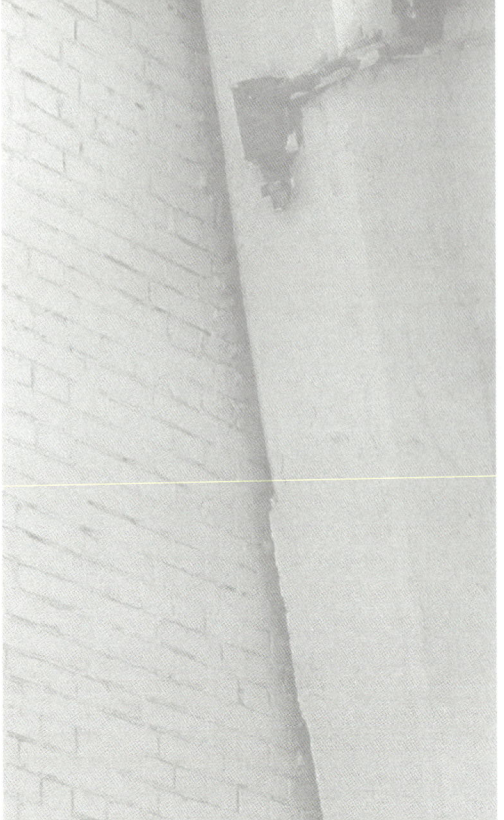

▲ The original structure of the factory building provides a perfect exhibition space for the gallery.
La structure originale du bâtiment d'usine est une salle d'exposition idéale pour la galerie.
De oorspronkelijke structuur van het fabrieksgebouw biedt de fotogalerie een ideale tentoonstellingsruimte.

A corner of the gallery. ▲
Un coin de la galerie.
Een hoek van de fotogalerie.

▲ There are also some photography books on sale in the gallery.
Des livres de photos sont en vente dans la galerie.
Er worden ook fotografieboeken verkocht in de galerie.

The three storeys are connected by steel stairs. ▲
Les trois niveaux sont reliés par des escaliers en acier.
De verdiepingen zijn door middel van stalen trappen met elkaar verbonden.

LOFT AND COOL

PHOTOGRAPHY . SUN XIANGYU
DESIGNER . LIN TIANMIAO
LOCATION . CHAOYANGOU, BEIJING

▶

Loft and Cool is a restaurant specialising in Shanxi noodles. The owner of this restaurant also owns two other restaurants in Beijing called Loft and Pink Loft respectively. In Chinese, the word "cool" is also the homonym of the word "loft", apart from its original meaning. Thus, it is appropriate to pair it with the word "cool" since all three restaurants are rebuilt from the old workshop.

The original building of this restaurant is the workshop of a computer company in Beijing. To be worthy of the name Cool, they used mainly black, white and gray colours inside the building: the floor and columns retain the original colour of the concrete; the chairs and tablecloth are in black and white; the suspended ceiling is white and irregular; the dishware is mainly white and even the decorative withered tree at the entrance is completely painted in white. Besides, the soil under the tree is actually made of white sand. As a result, the overall style is simple and vivid. In order to make the whole environment livelier, the designers also painted a huge, brightly-coloured fresco.

Apart from that, there also ornamental curtains made of numerous stainless steel tubes. They rock slightly when the wind blows and shine brightly under the light, which evokes a sense of beauty.

Loft and Cool est un restaurant dont la spécialité sont les nouilles du Shanxi. Le propriétaire possède deux autres établissements à Pékin : Loft et Pink Loft. En chinois, « cool », hormis sa signification originale, est l'homonyme du mot « loft ». Il est donc approprié de l'associer au mot « cool », vu que les trois restaurants sont des reconstructions d'anciens ateliers.

Le bâtiment original de ce restaurant est l'atelier d'une entreprise informatique de Pékin. Pour être digne de son nom, l'intérieur du bâtiment est principalement noir, blanc et gris : le sol et les colonnes ont conservé la couleur d'origine du béton, les chaises et les nappes sont blanches et noires, le faux-plafond est blanc et irrégulier, la vaisselle est essentiellement blanche et même l'arbre mort ornemental de l'entrée a été entièrement peint en blanc. Pour couronner le tout, l'arbre est planté dans du sable blanc. Le style de l'ensemble est donc simple et intense. Pour égayer tout cela, les designers ont également peint une immense fresque aux couleurs vives.

On y trouve également des rideaux fabriqués à partir d'une multitude de tubes en acier inoxydable. Ces rideaux se balancent légèrement lorsque le vent souffle et brillent sous la lumière, ce qui évoque un certain sens du beau.

Loft and Cool is een restaurant dat gespecialiseerd is in Shanxi-noedels. De eigenaar van het restaurant exploiteert nog twee andere restaurants in Peking, die respectievelijk Loft en Pink Loft heten. In het Chinees is het woord 'cool' – los van de oorspronkelijke betekenis – een homoniem van het woord 'loft'. En aangezien het restaurant is gevestigd in een oude fabriekshal, was het bijna logisch om de twee woorden 'loft' en 'cool' aan elkaar te koppelen.

Om de naam 'cool' ook waard te zijn, besloot de ontwerper alleen 'coole' kleuren – zwart, grijs en wit – te gebruiken. De vloer en de pilaren zijn van grijs beton, de stoelen en tafelkleden zijn zwart-wit gekleurd, het zwevende, onregelmatig gevormde plafond is wit, het servies is overwegend wit en zelfs de decoratieve 'dorre' boom bij de entree is helemaal wit geschilderd. Bovendien staat de boom op echt wit strandzand. De algehele uitstraling van het pand is dan ook eenvoudig en licht. Om het geheel nog wat levendiger te maken, schilderden de ontwerpers op een van de wanden een enorme felgekleurde fresco.

De siergordijnen van ontelbare roestvrijstalen buisjes zijn ook nog een vermelding waard. Als de wind waait bewegen ze zachtjes heen en weer en schitteren ze in het licht, wat een prachtig schouwspel oplevert.

◀

025

二十五

▲ The exterior of the restaurant.
Le restaurant vu de l'extérieur.
De gevel van het restaurant.

▲ An intimate setting.
Un décor intime.
Een intieme setting.

A decorative withered tree greets visitors at the entrance. ▲
L'arbre mort ornemental accueille les visiteurs.
Een decoratieve 'dorre' boom begroet de bezoekers bij de entree.

Another view of the restaurant. ▲
Une autre vue du restaurant.
Een ander uitzicht op het restaurant.

The wall mural adds a bright touch to the interior. ▲
La peinture murale ajoute une touche de clarté à l'intérieur.
De fresco geeft het interieur een levendige uitstraling.

▲ The light is a focal point of the interior.
À l'intérieur, la lumière est un élément essentiel.
De verlichting vormt het middelpunt van het interieur.

▲ The wall is interspersed with mirror panels.
Le mur est interrompu par des panneaux de miroir.
De muur is bezaaid met spiegels in verschillende grootten.

The waiting area. ▲
La salle d'attente.
De wachtruimte.

ACKNOWLEDGEMENTS

We wish to express our gratitude to all the architects and designers for their kind permission to publish their work, to the offices and photographers who have allowed us to use their images, and most of all, to the homeowners who have so graciously allowed us to share their beautiful homes with readers across the world. We would like to acknowledge the hard work of all involved in the production of this book. Thank you all.

Nous exprimons toute notre reconnaissance aux architectes et designers qui nous ont gentiment autorisés à publier leur travail, aux agences et photographes qui nous ont permis d'utiliser leurs images, et surtout, aux propriétaires qui ont aimablement accepté de partager leurs magnifiques maisons avec les lecteurs du monde entier. Merci à tous ceux qui ont participé activement à la production de cet ouvrage pour le travail accompli. Merci à tous.

Elk boek is een prestatie van een combinatie van mensen en dit boek zou niet zijn wat het is zonder de inbreng van elk van hen. We willen dan ook graag onze dank uitspreken aan alle architecten en ontwerpers die ons toestemming gaven om hun werk te publiceren. Ook willen we de fotopersbureaus en fotografen bedanken die ons toestonden om hun foto's te gebruiken en – natuurlijk – alle huiseigenaren die ons gastvrij onthaalden en hun prachtige huizen openstelden aan lezers over de hele wereld. We bedanken iedereen die betrokken was bij de productie van dit boek voor zijn geweldige inzet.